[音声DL付き]

JN094044

1ヵ月1000単語メソッドで制覇する

大学入試英単語
SPARTA

standard level 1000語

1

スタディサプリ英語講師
関正生

かんき出版

1ヵ月で英単語に
ケリをつけよう!

いつから単語帳が「情報量」を競うようになったのでしょう…。
あれやこれやとたくさんの情報を詰め込んだ単語帳ほど「本格派」
と思われる風潮ができあがり、受験生はもはや「ムチャぶり」とし
か思えない情報量に苦しめられています。高校生は四六時中、何年
間も単語帳に追われている感覚を持っているのではないでしょう
か。もはや単語帳は学習者を苦しめたり、挫折感を与えたりするも
のになっている気がするのです。

そもそも情報量を競うのは辞書の役割であって、単語帳本来の役目
は「情報を絞ること」、そして「覚えさせること」だと思うのです。
受験生の負担を減らしてこそ単語帳の存在意義があるのです。

そこでこの本は単語帳本来の目的として、まずは「意味」を覚える
ことを最優先させました。また、単語帳はやりきらないといけませ
ん。単語帳は「卒業させる」ことも大事な仕事なのです。少なくと
もこの本は、今までの単語帳の方針をただなぞるのではなく、受験
生が「英単語にケリをつける」ことができるものを目指しました。

「スパルタ(Sparta)」とは?

スパルタは古代ギリシャの都市国家(紀元前10世紀頃~紀元前146
年)で、独自の戦術を使う最強の戦士を抱えていたことで有名です。
その強さを維持するための厳格な教育制度は「スパルタ式」と呼ば
れていました。

Sparta [spáːrtə] の形容詞Spartan [spáːrtn] を辞書で引くと「厳格な・
勇敢な・鍛え上げられた」といった、実に勇ましい意味が並ぶ中、「質
素な」という意味も載っています(英英辞典ならsimpleという単語で
説明されています)。この本にはまさに、Spartanの意味が存分に込め

られています。

ただし「厳格な」という言葉を盾にして、指導者側に都合の良い「情報をたくさん押し付ける」ようなことはしません。そうではなく、「1ヵ月1000単語メソッド」という、厳しいながらも無駄をそぎ落とした"極上のsimple"とも言えるメソッドに「厳格な」姿勢で取り組んでほしいという願いがあります。そこに取り組むみなさんはきっと「勇敢な態度」をとることになり、その中で単語力だけでなく受験勉強に取り組むメンタルまでもが「鍛え上げられた」ものになるはずです。

今までの単語帳で暗記するときは、もしかしたら「マイペース」だったり、「つい惰性でダラダラ」見ていたり、小テストの直前に詰め込むだけの「その場しのぎ」の姿勢だったりしたかもしれません。でも、そんな姿勢とはこの本で決別して、「気持ちとやり方を劇的に変えるからこそ劇的な効果が出る」というSpartanなこの本で、単語帳にケリをつけましょう！

そんな方向性を本書に与えてくださった、前澤美恵子さん、そして、大倉祥さんを始め、かんき出版の皆様、この本に関わってくださったすべての方々に感謝申し上げます。そして何より、今この本を手にしているみなさんが「1ヵ月で1000単語を覚える」という、心が震える体験を味わえることを信じています。

さあ、戦いの始まりです。

関　正生

単語に関する固定観念を
打ち砕く

やり方を劇的に変えるから「劇的な効果」が生まれる

講師1年目から30年近く、必ず授業で話すのが「1ヵ月1000単語習得メソッド」です。これは僕自身が高校2年のときに考え、大学受験時はもちろん、大学入学後もさらなる英単語増強のため、そしてフランス語の単語を覚えるときに大活躍してくれた方法です（この方法を使って半年足らずで4000ものフランス語を覚えました）。

常識では「1ヵ月で1000個も覚えるなんて絶対ムリ…」と思われるでしょうが、やり方を劇的に変えるからこそ「劇的な効果」が生まれるわけです。その経験と方法論を、中学生・高校生・大学生・社会人問わず毎年話してきました。予備校の教室はもちろんのこと、今までにオンライン予備校『スタディサプリ』やTSUTAYAの学習用DVDを通じて、700万人以上の英語学習者に伝えてきました。それに加えて、NHKラジオ『基礎英語2』の連載を通じて、全国の中学生にもこの方法を伝えました。さらに、とある有名企業で講演したときにも、40代・50代の社会人にこの方法での単語習得を勧めました。まさに年齢を問わず通用する方法論です。

ただ、この「1ヵ月1000単語習得メソッド」で実際に大成功をおさめた人がたくさんいる反面、自分の単語帳がたくさんの情報を載せるタイプのものだったり、長文を使って覚える単語帳だったりしたためにうまく進められなかった人もいました。

そこで「1ヵ月1000単語習得メソッド」を続けやすく、様々な工夫を凝らしたのがこの本です。

コツコツやるから挫折する

「1ヵ月1000単語習得メソッド」なんて聞くと、怪しい方法を想像するかもしれません。もしくは「右脳」がどうとか、「記憶のためには寝る前がいい」とか…。もちろんそういう話もあっていいのでしょうが、僕個人は脳科学には興味がありませんし、実際に高校生がそういった話に興味を示すことは稀で、むしろ響かない気がします。では、何が必要なのか？　それは「単語の覚え方に対する意識改革」です。ズバリひと言でまとめるなら…

単語は一気にやる！

これなんです。単語の話になると、なぜか「少しずつコツコツやるもの」という考えが広まっていますよね。でも少しずつコツコツやれる人って、実際にはあまりいないと思います。少なくとも僕自身はコツコツやったことなどありませんし、今までにたくさんの生徒を見てきた立場から断言できますが、「コツコツやれる子は超少数派」です。学校のクラスに1人か2人でしょう。つまり、クラスで1・2を争う努力家ならうまくいくのですが、僕を含むそれ以外の人にはコツコツやることなんて"できない"のです（ちなみにコツコツやってうまくいった人が動画サイトなどで「コツコツやることが大事」と言っているだけです）。

コツコツできないなら、一気にやるしかありません。みなさんもここで一度、腹をくくって1ヵ月だけ気合いを入れて行動してほしいのです。きっと世界が変わりますよ。

単語を覚えるメカニズム

みなさんが今から新しい単語帳にチャレンジすることを決意したとします。その単語帳には1000個の英単語が載っています。では、そこで質問です。

Q 「1日に何個ずつ」進める計画を立てますか?

この質問を高校生に聞くと、「1日10個」「20個ずつ」といった回答が9割以上を占めます。でも、実はここに失敗があるんです。

1日10個ずつやると、1000個終えるためには(1日もサボらずにやっても)100日かかります。20個でも50日かかりますね。もちろん1回で覚えることなど人間にはできませんから、1日に20個ずつ取り組んでも、51日目にはまた最初の単語に戻りますね。そこで2つ目の質問です。

Q 「初日にやった20個の単語」のうち、50日後は「何個を覚えている」と思いますか?

これもたくさんの生徒に聞いた質問ですが、みんなこう言うんです。「5、6個」「半分(10個)はいかないかな」などなど。

…絶対にウソだ!

いいですか、50日も間隔が空くんです。50日前にやった単語なんて普通は絶対に思い出せません。たとえば僕が高校生のときなら、覚えているのはゼロか1個でしょう。2個なら奇跡だと思います。人間の記憶力なんて、そんなもんです。

みなさんがこの本を読んでいる今日は何月何日でしょうか？　今日から50日前の日をスマホのカレンダーでチェックしてみてください。その日に覚えた英単語を、今日までしっかり覚えている自信があるでしょうか？

※この原稿を書いているのが、10月14日なんですが、50日前が真夏で気温が37度とかだったことすら、今となっては信じられないくらいです。50日って長いですよね。

期間を空けたらアウト

暗記モノの最大のポイントは「ウロ覚えを繰り返す」ことです。暗記というのは気合いを入れて「覚えるぞ！忘れないぞ！」と思っても忘れるものです（むしろリキみすぎると余計に頭に入りにくくなります）。ですから「忘れてもいいので短期間に何度も繰り返す」方法のほうが効果があるはずです。つまり「ウロ覚えでいいので何度も繰り返す」のがいいのです。この「ウロ覚えの反復」というのが、1000単語習得法の最大のポイントになります。ウロ覚えでOKなので「とにかく短期間でたくさんの単語を繰り返し目に焼き付ける」のが大切です。先ほど、1日20個だと50日も間隔が空くのでNGだと話しましたね。以下のような式になるはずです。

1日20個 × 50日 ＝ 1000個

これだとうまくいかないのであれば、ちょっと式を変えてしまいましょう。$\boxed{20 \times 50 = 1000}$ → $\boxed{20 \times 10 \times 5 = 1000}$ → $\boxed{200 \times 5 = 1000}$ になります。最後の式は、1日200個 × 5日 ＝ 1000個となります。

これで暗記の間隔が空かなくなります。5日で1周するわけですから、6日目はまた最初の単語に戻れるわけです。

「1ヵ月6回」という黄金ルール

もちろん、ここでツッコミが入りますよね。「200個もできるわけない！」って。これについては後ほど詳しく話しますので（10〜11ページ）、まずは「1ヵ月で6セット繰り返す」ことの大切さを語らせてください。この「1ヵ月に6回繰り返す」ことがポイントです。単語は1、2度見ただけでは覚えられません。ですから「短期間で何度も繰り返す」必要があるわけですが、僕が英語を教えてきた経験から「ベストだ！」と考えたのが「1ヵ月に6回繰り返せば覚える」というものです。

これで大半（90％以上）の英単語の意味がスラスラ出てくるようになります。「なんだよ、100％じゃないのかよ！」なんて言わないでください。人間のやることですから、そこまでうまくいくとは限りません。でも90％だって、とんでもない数字ですよね。1ヵ月で900個の単語を覚えられるなんて、世間では奇跡だと思われていることです。

1000単語習得メソッドとは?

具体的な方法

「1日200個×5日」で1セットです。5日で1セットですから、6日目からは2セット目（つまり1日目にやった最初の200個に戻る）に入ります。これをひたすら6セット繰り返します。

1セット目	1日目 ▶ ZONE1（1番〜200番）	4日目 ▶ ZONE4（601番〜800番）
	2日目 ▶ ZONE2（201番〜400番）	5日目 ▶ ZONE5（801番〜1000番）
	3日目 ▶ ZONE3（401番〜600番）	まずは1セット、おつかれさま!
2セット目	6日目 ▶ ZONE1（1番〜200番）	9日目 ▶ ZONE4（601番〜800番）
	7日目 ▶ ZONE2（201番〜400番）	10日目 ▶ ZONE5（801番〜1000番）
	8日目 ▶ ZONE3（401番〜600番）	ここまでが、かなり大変。
3セット目	11日目 ▶ ZONE1（1番〜200番）	14日目 ▶ ZONE4（601番〜800番）
	12日目 ▶ ZONE2（201番〜400番）	15日目 ▶ ZONE5（801番〜1000番）
	13日目 ▶ ZONE3（401番〜600番）	まだまだ覚えられないのがふつう。
4セット目	16日目 ▶ ZONE1（1番〜200番）	19日目 ▶ ZONE4（601番〜800番）
	17日目 ▶ ZONE2（201番〜400番）	20日目 ▶ ZONE5（801番〜1000番）
	18日目 ▶ ZONE3（401番〜600番）	少し手ごたえがあるかも…。
5セット目	21日目 ▶ ZONE1（1番〜200番）	24日目 ▶ ZONE4（601番〜800番）
	22日目 ▶ ZONE2（201番〜400番）	25日目 ▶ ZONE5（801番〜1000番）
	23日目 ▶ ZONE3（401番〜600番）	十分手ごたえがあるはず!
6セット目	26日目 ▶ ZONE1（1番〜200番）	29日目 ▶ ZONE4（601番〜800番）
	27日目 ▶ ZONE2（201番〜400番）	30日目 ▶ ZONE5（801番〜1000番）
	28日目 ▶ ZONE3（401番〜600番）	これで完成!

この方法で、必ず5日に1回は同じ英単語に目を通すことになります。

「1時間100個ペース」

先ほど「1日に200個に取り組む」と言いましたが、1日に200個の単語を「覚える」という意味ではありません。そんなことは不可能です。あくまで完成は1ヵ月後なので、まずは「ウロ覚え」でOKです。1日のノルマ（200個）をウロ覚えで構わないので、どんどん進めていってください。

では、どの程度を「ウロ覚え」と判断すればいいのでしょうか？

僕がこの方法で理想だと思うのはズバリ「1時間100個ペース」です。1時間で100個というのは、やってみればわかりますが、けっこうテキパキ進めないとすぐに時間が経ってしまうでしょう。でも、それでいいんです。もちろん100個に対して3時間でも4時間でも使えるなら理想ではありますが、現実的にそこまで時間を割けないでしょう。以下の目安を参考にしながら進めてみてください。

ウロ覚えのペース

1. 今この瞬間「覚えた！」と思ったら、すぐ次へ進む
2. 最初から知ってる単語は即ムシ
3. 覚えるとき、簡単な単語は数秒だけ目を通す
4. 難しい単語はじ～っくりと

1時間に100個ペースで進めるわけですが、1日のノルマは200個なので、1日に使う時間は「2時間」です。

「1時間後にテストが待ってる」つもりで

「1時間100個ペース」でわかりやすいイメージが、「1時間後に単語テストがある」と想像することです。

イメージ

今、単語100個のリストを渡されました。今は何時ですか？時計を見て、今からジャスト1時間後に、その100個の単語テストがあります。では1時間の自習タイム、スタートです！

これでどうやればいいのか、想像がつくと思います。1時間後にテストが待っているわけですから、知ってる単語なんてどうでもいいですよね。知らない単語には時間をかけるはずです。でもかけすぎると全部終わらないので、とりあえず次に進みますよね。そんなときに「先生、何回書いたらいいんですか？」なんて質問はしませんよね。その時間だって惜しいはずです。で、一生懸命やって100番目まで行って、時計を見たら50分経っていた。そのときはまだ10分残っているので、最初に戻って忘れていそうな単語をまた確認するでしょう。

こんなイメージで進めれば、余計な雑念・疑問も出てきません。とにかくやるだけです。先ほども言いましたが、100個の単語に3時間かけたほうが効果はありますが、そこまで単語に時間を割くことはできないでしょう。かといって30分だけでは、ウロ覚えが浅すぎて効果が出ません。やはり1時間はかけてほしいところです。

よくある質問

Q 「succeed→成功する」それとも「成功する→succeed」 どっちの順番で覚えるの?

A 「succeed→成功する」の順番で覚えます。英語を見て日本語が出ればOKということです。経験的にわかるでしょうが、「英語→日本語」のほうが断然ラクに覚えられます。
とある有名な言語学者によると「英語→日本語」の労力に対して、その逆「日本語→英語」は4倍の労力がかかるそうです。それを踏まえて、みなさんは次のどっちを手に入れたいですか?
❶ 「英語を見た瞬間に意味がわかる単語」を1000個
❷ 「日本語を見て英語まで言える単語」を250個
これが同じ労力なら、僕は絶対に❶です。まずは英語を見て意味が浮かぶ単語の数を増やしていくほうが、英語の勉強は順調に進みますし、今の大学入試では確実に点数につながります。「日本語を見ても英語が出るようにしたほうがいい」「つづりもちゃんと書けたほうがいい」… 世間ではいろいろなことが言われてますが、単語を覚えるときに「〜したほうがいい」と考え出したらキリがありません。「〜したほうがいい」ではなく、「〜しなきゃいけない」ことだけに集中してください。「〜したほうがいい」ことまでをやりながらマスターできるほど単語は簡単ではないことをみなさんは知っていると思います。まだ意味も言えない段階で「英作文のときに困るから日本語から英語を言えたほうがいい」とかは考えないほうがいいですよ。それは「まず意味を覚えてから」ですよね。

Q この本って、単語の訳語が1つだけのものが多いけど、それでいいの？

 A それでいいんです。まずは1つの英単語につき1つの訳語だけを覚えていくのが理想です。また、単語帳のたくさんの情報を活用できている高校生は相当少ないと思います。たとえば、discussという単語の訳語は「〜を議論する」と書いてある単語帳がほとんどです。「〜を」をつけることで「他動詞の用法ですよ」と示しているのですが、高校生の一体何％がそこまで意識して取り組んでいるのでしょうか？　僕の講師経験から言えば、絶対に1％もいないと断言できます。discussは有名な他動詞なので、文法問題で出てきたときに「discuss aboutとは言わない」とか「discuss the planの形が正しい」と言われて覚えたはずです。

単語を覚えるときはあれもこれも欲張らず、まずシンプルに意味だけに集中して、最も効率の良い方法をとりましょう（本書では「〜を」などは原則カットしています）。

また、異なる意味があっても、やはりまずは1つに絞るべきです。というのも、欲張ってたくさん覚えようとすると、結局どれも覚えられないからです。まず1つの意味をしっかり覚えることで、その単語に対する「記憶の土台」がしっかりとできあがります。その後で別の意味で出てきたときに、その新たな意味を覚えればいいのです。

※意外な意味のほうが重要（受験生にぜひ覚えてほしい意味）なときは、本書では「その訳語に下線」を引きました。

Q 派生語とかもあまり載ってないけど…。

A それがいいんです。必ず出る質問で、「派生語（名詞形・形容詞形など）も一緒に覚えるほうがいいの？」「同意語・反意語もチェックすべき？」というものがあります。多くの英語の先生は「覚えたほうがいい」と答えるでしょう。でも僕の答えは「ノー!!」です。そもそも「意味を覚える」のが最優先のはずですよね。ならばその目標の最短経路を進むべきです。

でも、単語帳というものはとにかく派生語を羅列する傾向があります。たくさんの情報が載っているほうが親切に見えますよね。むしろそういう情報を載せないと「手を抜いてそう」とか「もっと情報量がほしい」なんて言われてしまうのです。

高校生からしても、いくら「無視しよう」と言われたところで、たくさんのことが書かれていると、「なんかもったいない」みたいな心理が働き、ついつい見てしまうものですよね。しかも学校ではそういう生徒がほめられたりするわけです。

でも覚えられない単語帳に意味はありません。だからこの本では、みなさんが単語を覚えるのに集中できるよう、かなりの派生語をそぎ落としました。「その単語を覚えるのに役立つとき」「派生語を見ても負担にならないとき（たとえば-lyを付けるだけの副詞形）」「注意が必要なのでチェックしたほうがいいとき」に絞りました。

逆に、派生語自体を「見出し語」にするときもあります。ただ「派生語として載せるだけ」だと、あまり真剣に覚えない人も多いのですが、見出し語にすることで注目度を上げました。

※基本的に関連ある単語のすぐ下に載せていますが、簡単なときはあえて離れたところに見出しとして置くことで復習効果を高めました。

Q 例文がないのはなぜ？

A 本書は「覚えさせる」単語帳として、「（過去問から選定する従来の方法と違い）今後の出題を意識した単語選定→絞られた訳語→意味を覚えるフォローとしてのコメント」というsimpleな流れがベストだと考え、例文も載せていません（コメントに使用例が入ることはあります）。おそらく日本で一番の生徒数を教えてきた経験から断言できますが、単語を覚えながら例文を活用できる高校生はかなり少ないです。それどころか、パワーをそっちに吸い取られて肝心の意味すら覚えられない人が多いのです。最優先すべきは「単語の意味を覚えること」ですよね。

「だったら例文を見なければいい」と思えるならいいのですが、「あれば気になる」のが人間です。また、何よりも「例文をスルーして『ホントにいいのかな』と不安になる」人も多いでしょう。そんな罪悪感を抱かせない単語帳があってもいいのではないでしょうか。例文を載せた単語帳は星の数ほどありますが（僕も書いてます）、例文を載せない単語帳をやりたい受験生もいるはずですし、僕自身、受験のときに使った単語帳では例文を一切見ていません。そもそもすべての単語で例文を読んでいては1時間100個ペースを維持できないのです。「意味」をいち早く覚え、「実戦の場（長文問題）」でその威力を試してみたい人向けの単語帳です。

Q 覚えるときは「書きながら」がいいの？

A 書いても書かなくても、どっちでもOKです。書いて覚えるか、目で見るだけで覚えるかは好みの問題です。簡単な単語は目で見るだけで十分でしょう。逆に、難しい単語や何回見ても覚えられない単語ってありますよね。そういうときは何回でも書きましょう。書く場合は「何回書くか」を絶対に決めないでください。回数を決めるとノルマになって「今、何回書いたか」に意識がいってしまいます。すべての集中力は単語に向けるべきです。また、つづりもきちんと書けるのが理想ではありますが、一番大事なのは「意味がわかること」ですから、1000単語習得メソッドではつづりを重視しません。つづりを捨てることで、1000個の単語の意味がわかるという理想の状態に少しでも早く・確実に到達できることを目指します。

Q （1日に200個に取り組むとき）知らない単語だけで200個、それとも知ってる単語も含めて200個？

A 単語の数は「知っている単語も"含めて"200個」です。知らない単語だけ200個を数えるのは時間がかかります。その時間を覚えることにまわしたほうがいいでしょう。

この本では1つのZONEが200個になっているので、1日1つのZONEを進めていけばOKです。よって、その日に取り組む単語の中に知っている単語が多ければ「今日はラッキーだな」くらいに考えればOKです（頻度順の単語帳では「最初が簡単、後半が難しい」となりますが、本書ではレベルは全体で統一してあります）。

その他にも疑問が出てくるかもしれませんが、そのときは「1時間後にテストがある」つもりで考えれば、「あ、こんなことしてる場合じゃないや」と冷静になれます。とにかく目の前の単語を覚えることに集中することが一番大事です。

時間捻出で工夫できること

「1時間100個ペース」で「1日200個」ということは、「1日に2時間」を単語に使うことになるわけです。もちろんこれはすごく大変なことです。僕は、予備校でこの話を夏休みの最初にしていました。ただ、その後オンライン授業でいつでも見られるようになってからは、「夏に限らず成功した」という声がたくさん届くことを知りました。大事なことは、一番時間がかかる最初の2セットを確実にやり切ることです。2セットやってしまえば、「続けないともったいない」という心理から続けられるものです。「あんなにやったのが無になるのか…」と思うと、意外と続きます（僕はいつもそう思ってます）。そのために、以下の時期にぶつけると挫折しにくくなるでしょう。

1. 春休み（3月下旬スタートで少し遅れてもGWで取り返せる）
2. ゴールデンウィーク
3. 夏休み（7月中にスタート）
4. シルバーウィーク（9月下旬スタート）
5. 冬休み（クリスマスと正月に単語をやるのも悪くない）

※もちろん休みがない6月や10月でも、やる気になったときが一番です。

「一気に2時間」やる必要はない！

1日に2時間といっても、120分ノンストップでやる必要はありません。むしろ集中力を欠いて効率が悪くなります。1時間×2回、30分×4回、20分×6回に分けてもOKです。学校があってもいくつかに分割すれば「朝20分、行き帰りの電車で40分、放課後にカフェ

で30分、寝る前に30分」などと工夫できます。さすがに10分×12回などは細かく分けすぎで、頭が「単語モード」になりきれないうちに10分経ってしまう気がするのであまり勧めませんが、まあ、いずれにせよ「やること」が一番大事なので、「続けやすい」やり方でOKです。ちなみに僕が高校生のときは調子が良ければ「1時間×2回」に、ヤル気がないときは「30分×4回」に分割していました。

手ごたえは「5セット目」から

この方法では、「時間がかかるのが1セット目〜2セット目」ですが、精神的にツライのが「3セット目〜4セット目」です。3セット目あたりで「もうそれなりに覚えてるんじゃないの?」なんて期待しますが、全然覚えてなくて愕然とします。早い人で、4セット目から微妙に手ごたえを感じるかもしれませんが、基本的に4セット目まではまったく効果が出ないのが普通です。

そして、5セット目からかなりの効果を感じるはずです。6セット目でブレイクします。僕が高校生のときは毎回そうでした。4セット目までは覚えていなくても、5〜6セット目からブレイクしたという経験です。大学に入ってフランス語でも同じやり方をして、同じ効果が出ています。

さらにその後、予備校で教えるようになって、すべての生徒に教えてきましたが、みんな同じようなブレイクのしかたでした。英語が大キライで赤点の高校生だって、開成高校から東大理三に合格した生徒だって、みんな5〜6セット目でブレイクしました。たまに「あまりにも英語が嫌い」という生徒もいて、少し遅れはしましたが、それでも7〜8セット目でブレイクしてます(そこまでいけば、1、2セットの追加はさほど時間を要しませんのでご安心を)。そして、中学生にも50代の社会人にも教え続けていますが、結果はまったく同

じです。こういった経験から、自信を持ってこの本に書いております。繰り返しますが、4セット目が終わるまでは「我慢」です。耐えてください。4セット目までに僕に対する不信感と殺意はマックスに達しますが、それでも続けてください！ 4セット目まで続ければ勝負アリなので。5セット目からは時間もかなり短縮できますし、何より効果が出始めるので楽しくて続けられるものです。

予 定 表

1セット目					2セット目				
day 1	day 2	day 3	day 4	day 5	day 6	day 7	day 8	day 9	day 10
ZONE1	ZONE2	ZONE3	ZONE4	ZONE5	ZONE1	ZONE2	ZONE3	ZONE4	ZONE5

3セット目					4セット目				
day 11	day 12	day 13	day 14	day 15	day 16	day 17	day 18	day 19	day 20
ZONE1	ZONE2	ZONE3	ZONE4	ZONE5	ZONE1	ZONE2	ZONE3	ZONE4	ZONE5

5セット目					6セット目				
day 21	day 22	day 23	day 24	day 25	day 26	day 27	day 28	day 29	day 30
ZONE1	ZONE2	ZONE3	ZONE4	ZONE5	ZONE1	ZONE2	ZONE3	ZONE4	ZONE5

本書の単語選定について

どの単語帳も入試を想定すると同時に、高1・高2の日常学習用としてのつくりも意識しているようです。

でもこの本は「大学入試の英文を意識した単語帳」であり、「受験生が使う」ことだけを想定して、基本単語でありながらも受験生なら知っていることが多いものは選定から外しました。逆に、簡単な単語でも受験生が意外と見落としがちな単語、出題頻度が低い単語でも実際に出たら受験生が困る単語（キーワードになるもの）は選定しました（ちなみに、2023年の共通テストを見ると、明らかに単語の「幅」が広がりました。マイナーな単語がたくさん出るようになったのです）。

学校で配られた単語帳を多少なりともやったことがある高校生がほとんどですから、そこを考慮した上で「受験生が1ヵ月で仕上げられる」かつ「今までの単語帳とは違った実感を持てる語彙」を選定しています。まさに「時間がない・単語力に不安がある受験生」が短期間で一気にパワーアップできる単語帳を目指しました。

シリーズの全体像

1　standard level　　共通テスト8割を目指す
2　advanced level　　共通テスト8割以上〜MARCH・国公立を目指す
3　mastery level　　早慶上智・旧帝大を目指す

※全レベル3冊に見出し語の重複はありません。

■ 1　standard level

私大・国公立大入試に加え、共通テスト・英検を強く意識しました。そういった試験では単語が少し特殊で（日常的な単語・グラフ表現・

生物名などが一般入試に比べてよく出る）、普通の受験勉強ではノーマークになる単語がたくさんあるからです（2025年から共通テストが変わる予定ですが、今までの傾向・実用性重視の方向性から、単語については変わらず、むしろそういった単語がますます重視されていくと考えています）。

■ 2 advanced level

基本単語ながら受験生が見落とす単語を掲載しつつ、多少難しい単語・新しい単語も知っておくべきレベルの大学を目指す人にピッタリ合った単語を選定しました。簡単すぎず、難しすぎずというバランスが特長でもあります。

■ 3 mastery level

確実に難化しているトップレベルの大学を意識した単語選定です。今まで受験の世界では扱われなかった単語や、ニュース系の単語も多く入れました。

世間では「早慶を目指すなら英検準1級やTOEFLの単語帳を使おう」というアドバイスが多いのですが、それは（受験という意味では）無駄が出ます。レベル3は「あくまでトップの受験生のために、難単語を収録した大学受験用の単語帳」にしました。

■ 巻末の「＋α」

スペースの関係で、本編には載せられなかった単語をここに載せておきます。本編の1000個よりは「重要度が下がる・知っている人が多い・基本的すぎる・ちょっと細かい」などの理由を持つ単語です。余裕があれば目を通しておいてください。もちろんその場合は本編同様、1日200個くらいで一気に片づけてもいいでしょう。

本書の使い方と特長

ZONE 1

| ① / | ② / | ③ / | ④ / | ⑤ / | ⑥ / | — Ⓐ |

Ⓑ — **001** ■■■■■■

theory [θíːəri] Ⓒ

名 理論

「セオリー通り」とは「理論・理屈通り」の意味／in theory「理論上は」／theory and practice「理論と実践」／「1ヵ月 1000 単語理論」を実践して君自身が証明してくれ!

002 ■■■■■■

overseas
副[òuversíːz] 形[óuvərsíːz] Ⓓ

副 海外へ（で） 形 海外の —— Ⓔ

「海を（sea）超えて（over）」→「海外で」／ 副詞で使われる場合、（abroad「海外へ」同様に）前置詞は不要。 —— Ⓕ

003 ■■■■■■

opposite [ɑ́ːpəzɪt]

oppose 動 反対する
opposition 名 反対 } —— Ⓖ

形 反対の 前 反対に

形容詞の場合、名詞修飾（the opposite opinion「反対意見」）と opposite to 〜「〜反対に」の形が大事。

004 ■■■■■■

comfortable
[kʌ́mftəbl]

形 快適な

「ストレスを感じない」イメージ／relax in a comfortable chair「心地よい椅子でくつろぐ」

005 ■■■■■■

uncomfortable
[ʌnkʌ́mftəbl]

形 落ち着かない —— Ⓗ

普通は「comfortable の対義語です」で済まされてしまうが、きちんとチェックしておきたいほどよく使われる。「なんとなくイヤな感じ・ソワソワする」というイメージ。

28

(A) みなさんの単語との戦いの歴史をここに記録しよう（日付の記録）。時間や場所、そのときの気持ちも書いたっていい。

(B) 敵の数（1000単語のうち通し番号）

(C) 6セット分のチェックボックス。今回のセット数をチェックしておこう。

(D) さあ、この単語を攻略しよう!

(E) 単語の意味。付属の赤シートを活用しよう! 「ぜひこっちのほうを覚えてほしい」というものに下線が引かれています。また、多義語はどの意味も大切なので下線はありません（多義語のアイコンがついています）。

(F) インプットに絶大な効果がある「コメント」
記憶のフックとなるコメントなど、印象に残るエピソードも満載。

(G) 派生語などの情報。ただし、覚えるときはスルー推奨。

(H) とくに重要な単語や、頻出の単語などには「アイコン」で注意喚起。

本書で使用しているアイコンについて

本書に掲載した単語は、言うまでもなくすべて大事ですが、選定基準が従来の単語帳とは違うため、「ホントにこんな単語が出るの?」と不安になるものもあるかもしれません。そういった単語や「特にある面において大事な単語」にはアイコンをつけました。

	→	特に共通テストで出てきそうな単語
	→	「従来の単語帳では取り上げられない新しい単語」、もしくは「すでに載ってはいるが（あまり強調されていないので）新たに注目すべき単語」
	→	文法問題・品詞問題で狙われる単語
	→	リスニングで大事な単語
	→	多義語や複数の訳語が大事な単語
	→	発音やアクセントが入試で狙われる単語

Go time 確認テスト

次の(1)～(5)の単語の意味を、①～⑤から選びなさい。

1
(1) aspect　(2) frighten　(3) fiber　(4) uncomfortable
(5) flat

① 落ち着かない　② 平らな　③ 怖がらせる・ぞっとさせる　④ 側面　⑤ 繊維

A (1) ④　(2) ③　(3) ⑤　(4) ①　(5) ②

2
(1) exception　(2) lecture　(3) evolution　(4) rarely
(5) military

① めったに～ない　② 軍の／軍隊　③ 例外　④ 講義・説教／講義する　⑤ 進化

A (1) ③　(2) ④　(3) ⑤　(4) ①　(5) ②

3
(1) baggage　(2) chaos　(3) attach　(4) insist
(5) achievement

各zoneの終わりに200単語の意味を答える確認テストがついています。
しっかりインプットできたか、答えを赤シートで隠してチェックしてみましょう。

R&R　*Rest and Relaxation*

1000個達成で世界が変わる

さて、最初の200個をやってみて、いかがだったでしょうか？

苦しいながらも、「スッキリ削ぎ落した単語帳」は意外と気持ち良く進められた、と思ってもらえればいいのですが、中には今までの単語帳に慣れ過ぎて、ちょっと不安になった人もいるかもしれませんね。

でも本来、単語帳というのはこういうものだったはずです。たくさんのことを載せた単語帳は教え手の立場からすれば非常に都合が良いのです。「ほら、載ってるのだから覚えなさい」と言えてしまうのですから。でも実際に使う高校生のことを意識すれば、あれもこれも載せることなんてできません。

みなさんは「まず意味を覚える」ことを最優先しましょう。

確認テストの後に、ちょっとしたメッセージとなるコラムを掲載。モチベーションアップにつなげてください。

＋α

＋αの単語一覧

本書に掲載されている1000単語
にプラスαして覚えておくとよい単語
を掲載しています。

SPARTA! 索引

巻末さくいん

すべての見出し語と派生語をアル
ファベット順に掲載。総チェックとし
てお使いください。シリーズのほか
の２冊に掲載されている単語も
チェックできます。

○ 音声ダウンロード

英語の音声がダウンロードできます。音声は①英単語のみ、②英単語
と日本語訳のセット、の2つの形式のものがあります。奇数ページの右上
にある表示がトラック番号です。10単語ごとに1つのトラックに収録してあ
りますが、200単語通して1つのトラックにまとめた音声データもございま
すので、以下のサイトにアクセスしてご確認いただき、ダウンロードをお願
いいたします。

https://kanki-pub.co.jp/pages/sparta1/

※音声ダウンロードについての問い合わせ先：http://kanki-pub.co.jp/pages/infodl/
英語ナレーター
Haward Colefield　Jennifer Okano
日本語ナレーター
中村章吾　水月優希

英単語SPARTA Contents

ZONE

1

[単語001〜200]

	DATE	NOTE
Set 1	/	
Set 2	/	
Set 3	/	
Set 4	/	
Set 5	/	
Set 6	/	

001

theory [θíːəri]

名 理論

「セオリー通り」とは「理論・理屈通り」の意味／in theory「理論上は」／theory and practice「理論と実践」／「1ヵ月1000単語理論」を実践して君自身が証明してくれ！

002

overseas
副 [òuvərsíːz] 形 [óuvərsíːz]

副 海外へ（で） 形 海外の

「海を (sea) 超えて (over)」→「海外で」／副詞で使われる場合、(abroad「海外へ」同様に) 前置詞は不要。

003

opposite [áːpəzit]

形 反対の 前 反対に

oppose 動 反対する

opposition 名 反対

形容詞の場合、名詞修飾 (the opposite opinion「反対意見」) と opposite to ～「～反対に」の形が大事。

004

comfortable
[kʌ́mftəbl]

形 快適な

「ストレスを感じない」イメージ／relax in a comfortable chair「心地よい椅子でくつろぐ」

005

uncomfortable
[ʌnkʌ́mftəbl]

形 落ち着かない

普通は「comfortable の対義語です」で済まされてしまうが、きちんとチェックしておきたいほどよく使われる。「なんとなくイヤな感じ・ソワソワする」というイメージ。

006 ■ ■ ■ ■ ■ ■

diet [dáɪət]

名 食事・ダイエット

本来「(きちんとした) 食事」／「きちんとした食事を取って体重を適正まで減らす」→「ダイエット」という意味が有名になっただけなので、まずは「食事」を考えよう。

007 ■ ■ ■ ■ ■ ■

breath [bréθ]

名 呼吸

「ブレス」は歌・楽器の演奏や水泳での息継ぎ、ガムの CM などで使われる。

breathe 動 呼吸する

008 ■ ■ ■ ■ ■ ■

beg [bég]

動 懇願する

I beg your pardon?「私はあなたの許しを求めてもいいですか?」→「もう一度言ってもらえますか?」という決まり文句 (相手の発言が聞こえなかったときに使うかなり丁寧な表現)。

009 ■ ■ ■ ■ ■ ■

thorough ✦
[θə́:rou/θʌ́rə]

形 徹底的な・完全な

through「〜を通って」と語源に関連があり、「徹底的に通して」という意味／(through と区別するために) thorough は th の後の o を意識すること。

thoroughly 副 徹底的に・完全に

010 ■ ■ ■ ■ ■ ■

debut [deɪbjú:]

名 デビュー (初登場)
動 デビューする

俳優などの人物紹介で使われる／本来フランス語なので、最後の t は読まない (フランス語は最後の子音を読まないのが原則)。

011 ■ ■ ■ ■ ■ ■

estate [ɪstéɪt]

名 財産

本来「人の財産状態 (state) を示すもの」→「財産」／real estate「不動産」

012 ■ ■ ■ ■ ■ ■

paid [péɪd]

形 支払い済みの・有給の

pay の過去分詞「すでに支払われた」／海外のレストラン (日本でもお洒落な店) で支払いをすると、伝票に PAID と表示されることがある／paid leave「有給休暇」

013 ■ ■ ■ ■ ■ ■

purchase [pə́:rtʃəs]

動 購入する 名 購入

「商品を追いかける (chase)」→「購入する」(chase「追跡する」は「カーチェイス」でも使われている)

014 ■ ■ ■ ■ ■ ■

accent [ǽksent]

名 アクセント・なまり

「強弱」というイメージ／「単語を強く読む場所」としての「アクセント」は有名だが、「(地方独特の強弱がある) なまり」に注意 (長文で大事)。

015 ■ ■ ■ ■ ■ ■

insist [ɪnsíst]

insistence 名 主張

動 要求する・強く主張する

「自分の考えの中に (in) 立つ (sist=stand)」→「中に立ってこだわる」→「主張する」／「強く言い張る」イメージで、「要求する・主張する」となる。

016

alcohol [ǽlkəhɔ̀ːl]

名 アルコール・酒

酒類の容器に alcohol-free「アルコールが入っていない」などと書かれている。

017

flexible [fléksəbl]

形 融通の利く・柔軟な

flex は「曲げる」で、flexible は「曲げられることができる」→「しなやかな・柔軟な・融通が利く」

flexibility 名 柔軟性

018

clinic [klínik]

名 診療所

個人開業の歯科・小児科などの病院（ちなみに、hospital は比較的大きな病院で入院施設があるイメージ）。

019

obey [oubéi]

動 従う

obey the rules「ルールに従う」／observe the terms of a contract「契約の条件に従う」（この observe は「従う・守る」）の言い換えで obey を選ぶ問題が中央大で出た。

020

chaos [kéiɑːs]

名 混乱

「カオスな状態」は「混乱した状態・乱雑な状態」（英語の発音は「ケイオス」）／「机の上がカオスじゃん」と言われても、単語の勉強には関係ない。今日も続けよう。

chaotic 形 無秩序の

ZONE 1

021

refer [rɪfə́ːr]

reference 名 引用・参照

動 言う・表す・参照する

refer to 〜 の形で使われる。「言う・表す・参照する」どれも「意識が to 以下に向く」感じ。

022

illusion [ɪlúːʒən]

名 錯覚・幻想

錯覚・幻想を抱かせるようなショーを「イリュージョン」と言うことがある。

023

blame [bléɪm]

動 責める

訳語は「責める・非難する・せいにする」、何でも OK ／ blame A for B「A を B のことで非難する」の形が重要（for は「理由（〜で）」を表す）。

024

unable [ʌnéɪbl]

able 形 〜できる

形 〜できない

be unable to 〜「〜できない」の形が重要。

025

outcome [áutkʌ̀m]

come out 熟 現れる

名 結果

「外へ (out) 出てくる (come) もの」→「結果」／中央大では同じ意味の result を選ばせる問題が出題された。「1ヵ月 1000 単語」も "結果" を出そう！

026

lazy [léizi]

形 だらけた

「ダラっとした」イメージ／a lazy grasshopper「怠け者のキリギリス」(イソップ童話)

027

recovery [rikávəri]

名 回復

「取り戻すこと」というイメージで、「体調」から「景気」などにも使える／make a recovery「回復する」

028

lessen [lésn]

動 少なくする・減る

実際に出てくると、多くの受験生が lesson「レッスン」と勘違いしてしまう／"less+en"で「少なく(less)する(en は動詞をつくる)」と考えよう。

029

obtain [əbtéin]

動 得る

get と同じ意味／obtain a new password「新しいパスワードを取得する」

030

introduction [ìntrədákʃən]

introduce 動 導入する・紹介する

名 導入・紹介

「曲のイントロ」は「曲の始まり部分・導入部分」／the introduction of flexible working hours「フレックスタイム制の導入」

031 ■■■■■■

substitute
[sʌ́bstət(j)ùːt]

substitution 名 代用(品)・代理(人)

動 代わりに使う

substitute A for B「Bの代わりにAを使う」／「代用する」と訳されるが、それだとどっちを使うかハッキリしないので「代わりにAを使う」と意識する。

032 ■■■■■■

depend [dɪpénd]

dependence 名 頼ること
dependent 形 頼っている

動 頼る・左右される

S depend on O「SはOに頼る」は有名だが、「SはOに左右される（O次第だ）」のほうが重要。

033 ■■■■■■

path [pǽθ]

名 道

本来「人が歩いてできた小道」→「進路・経路」も OK

034 ■■■■■■

taboo [təbúː]

名 タブー・ご法度

本来はトンガの地域の言葉で「神聖なもの」→「神聖なので軽々しく触れてはいけない」→「タブー・ご法度」

035 ■■■■■■

propose [prəpóuz]

proposal 名 提案・申し出

動 提案する

「彼女にプロポーズする」とは「結婚を提案する」／この意味以外に、単に「提案する」で使われることが多い。

036 ⬛⬛⬛⬛⬛⬛⬛

draft [drǽft]

名 下書き

野球のドラフト会議は「有望な選手を自分のチームに<u>引くこと</u>」／本来「引く」→「線を引く」→「下書き」／ちなみに draw も「引く」→「(線を引いて) 描く」

037 ⬛⬛⬛⬛⬛⬛⬛

seldom [séldəm]

副 めったに〜ない

「めったに〜ない」と否定的な意味になる／seldom=rarely

038 ⬛⬛⬛⬛⬛⬛⬛

hierarchy
[háiərà:rki]

名 階層

「会社のヒエラルキー」などと使われるが、「階級・階層」のこと／つづり通りに読めば「ヒエラルキー」だが、英語の発音は「ハイァラーキー」って感じ。

039 ⬛⬛⬛⬛⬛⬛⬛

palace [pǽləs]

名 宮殿

ホテルやアパートの名前に「パレス」と使われることがあるが、本来、ローマ皇帝の宮殿があった場所に由来／the Imperial Palace「皇居」

040 ⬛⬛⬛⬛⬛⬛⬛

cab [kǽb]

名 タクシー

本来 cabriolet「カブリオレ (シャーロックホームズに出てきそうな馬車)」が短縮されたもの／take a cab「タクシーに乗る」

041

donate [dóuneɪt]

動 寄付する・提供する

本来「(お金を)寄付する」→「臓器などを与える」→「臓器を提供する」／donate money to a charity「慈善事業にお金を寄付する」

042

fortune [fɔ́:rtʃən]

fortunate 形 幸運な

名 富・幸運

「占い」は fortune-telling で、「運を占うこと」／「フォーチュン・クッキー (fortune cookie)」は「運勢が書かれた紙が入ったクッキー」

043

option [ápʃən]

名 選択肢

「たくさんのオプション」とは「たくさんの選択肢」のこと／have no option「選択肢がない」

044

enable [ɪnéɪbl]

動 可能にする

「能力 (able) を中にこめる (en)」→「可能にする」／enable 人 to ～「人 が～するのを可能にする」の形が超重要。

045

frighten [fráɪtn]

frightening 形 恐ろしい・ぞっとするような
frightened 形 おびえた・ぞっとした

動 怖がらせる・ぞっとさせる

「恐怖・驚き (fright) を中にこめる (en)」→「怖がらせる」／「怖がる」ではなく「怖がらせる」ということに注意。

046

claim [kléɪm]

動 主張する・要求する
名 主張・要求

「クレームをつける」という意味はなくて、「主張する・要求する」という意味／claim that ～「～ということを主張する」

047

mature [mət(j)úər]

形 成熟した 動 成熟する

植物から動物・人間・市場などいろいろな「成熟した・成長しきった」ものに使える／be mature for one's age「年の割にしっかりしている（ませている）」

048

recommend
[rèkəménd]

recommendation 名 推薦

動 勧める

recommend a good book to a friend「良い本を友達にすすめる」

049

suspect
動[səspékt] 名[sʌ́spekt]

suspicion 名 疑い・懸念

動 疑う（～ではないかと思う）名 容疑者

suspect と似た響きの「サスペンスドラマ」は「コイツが犯人じゃないの?」と「疑う」ドラマ／suspect=think、doubt=don't think と考える。

050

slave [sléɪv]

slavery 名 奴隷制度

名 奴隷

たくさんの「スラブ人」が奴隷にされたことが由来／a company slave「会社の奴隷・社畜」のようにも使える。

051

natural gas
[nǽtʃərəl gǽs]

名 天然ガス

「natural な gas」というそのままの意味なのだが、長文でよく出るわりに受験生はきちんと意味を理解していないので、ここでしっかりとチェック。化石燃料の一種。

052

wheel [wíːl]

wheelchair 名 車いす

名 車輪

「車輪がついた (wheel) いす (chair)」→ wheelchair「車いす」はパラリンピックの競技名でも使われている。

053

flyer・flier [fláiər]

名 チラシ

「人の元へ飛んでいく (fly) もの (er)」→「チラシ」／日本でもビジネスで「フライヤーができた」などと使う人が増えてきた。

054

percentage
[pərséntɪdʒ]

percent 名 パーセント

名 パーセント

What percentage of your salary do you spend on clothing?「給料の何パーセントを服に使ってるの?」

055

mention [ménʃən]

動 言及する 名 言及

「話の中で触れる」ということで、「今 1000 単語に挑戦中なんだよね」と話せば、単語の勉強法にメンションすることになる。

056

script [skrípt]

名 手書き・脚本

本来「紙にガリガリ書いたもの」(scr には「スクラッチ (scratch)」のようにガリガリひっかくイメージがある)／「リスニング問題の原稿」を「スクリプト」と言う。

057

attach [ətǽtʃ]

動 くっつける

touch「触れる」とは関係ないが意味も似ているので、attach・touch をセットで覚えよう／attach a file to an e-mail「メールにファイルを添付する」

058

institution
[ìnstət(j)úːʃən]

institute 動 設立する
名 研究所・協会

名 機関・制度

「中に (in) 立てた (stitute=stand) もの」→「設立されたもの」→「施設・機関」

059

hardly [háːrdli]

副 ほとんど〜ない

hard「難しい」→「(難しくて) ほとんどできない」→「ほとんど〜ない」／否定的な意味 (not の仲間) になるのが最大のポイント。

060

delay [dɪléɪ]

名 遅れ 動 遅らせる

de は単なる強調、lay「置く」から、「ずっとそのまま置かれて、先に進まない」→「遅れ」／空港や駅の電光掲示板で「遅延」は delay や delayed と表示される。

061

double [dʌ́bl] 注

動 倍にする（なる）
形 倍の

動詞用法に注意（よく使われる）／Double ten and you get twenty.「10 を 2 倍すると、20 になる」（算数の授業で）

062

ingredient [ɪngríːdiənt]

名 成分・材料

the ingredients in this bread
「このパンの材料」

063

glory [glɔ́ːri]

名 栄光

gl- は「ギラギラ・キラキラ輝く」（glass「ガラス」はキラッと光るもの）で、glory は「キラキラ輝いたもの」→「栄光」

glorious **形** 輝かしい

064

exception [ɪksépʃən]

名 例外

前置詞 except「～を除いて」の名詞形／with the exception of Mary「メアリーという例外を除いて（メアリーは例外で）」

except **前** ～を除いて
exceptional **形** 例外的な・優れた

065

gradually [grǽdʒuəli]

副 徐々に・だんだんと

「1つ1つのグレード（grade）を上がる」／「グラデーション（gradation）」と語源が同じで「色・明るさが徐々に変化する」イメージ。

066

soldier [sóuldʒər]

名 兵士

映画やゲームで出るばかりで、普段の勉強では出てこない印象があるかもしれないが、世界情勢のニュースでは頻繁に使われる。

067

pity [píti]

名 残念なこと・哀れみ

「哀れみ」が有名だが、What a pity!「なんて残念なんだ」など、a pity はちょっとした残念なことに使う（雨で遊びに行けない、とか）／2023 年の共通テストでポイントになった。

068

legacy [légəsi]

名 遺産

「遺産」の意味として「亡くなった人の財産」の意味が浮かぶかもしれないが、入試の英文では「前の人が残した業績」の意味で使われることが多い。

069

cooperate
[kouá:pərèit]

cooperation 名 協力

動 協力する

「一緒に (co) 作業する (operate)」→「協力する」／corporate「会社の」との混同に注意。

070

generate [dʒénərèit]

generation 名 世代

動 生み出す

gener は「生み出す」という意味 (generation「世代」は本来「同時代に生まれた人」)／generate electricity「発電する」

071

bulb [bʌ́lb]

名 電球

元々「タマネギ」という意味で、そこから「球根」→「球根に似た形のもの」→「電球」となった／light bulb とも言う。

072

rare [réər]

形 珍しい

「レア（珍しい）」は「レアキャラ」「レアアイテム（珍しい道具）」などで使われる。

073

rarely [réərli]

副 めったに〜ない

副詞 rarely は「珍しいほど〜する」→「めったに〜しない」と否定的に訳すのがポイント。

rare 形 珍しい・まれな

074

art gallery [áːrt gǽləri]

名 美術館

「美術館・画廊」のこと（gallery だけでもOK）／admission to the art gallery「その美術館の入場料」（admission「入場・入場料」は p.146 の 495 を参照）

075

false [fɔ́ːls]

形 誤った

長文の内容一致問題の設問で、T or F が使われることがあるが、本文の内容と合っていれば T (true)、間違っていれば F (false) を選ぶ。

076

abroad [əbrɔ́ːd]

副 外国へ

本来「広い (broad) ところへ」／study abroad「留学する」／副詞なので前置詞 to は不要。

077

quite [kwáit]

副 結構・完全に

強調する働き／quiet「静かな」と混同しないように／quit「辞める」と同じ語源で「完全に辞める」→「結構・完全に」

078

independent [ìndɪpéndənt]

independence 名 独立

形 独立した・自立した

dependent「頼っている」+ 否定の in／be independent of ～「～から独立した」の形が重要 (分離の of「～から離れて」)。

079

virus [váɪrəs]

名 ウイルス

「2019 年発生の新型コロナウィルス感染症」を英語では COVID-19 と呼び、coronavirus disease 2019 のこと。

080

apply [əplái]

application 名 申し込み・申請

動 当てはまる・申し込む

apply to ～「～に当てはまる」、apply for ～「～に申し込む」／共に「くっつける」イメージで、「物事がくっつく」→「当てはまる」、「気持ちをくっつける」→「申し込む」

081

frank [frǽŋk]

frankly 副 率直に

形 率直な

本来「フランク族（Frank）のように自由な」という意味／フランス（France）の語源は「フランク族の土地」／to be frank (with you)「率直に言えば」が大事。

082

bind [báind]

動 縛る・束ねる・義務を負わせる

文房具「バインダー（binder）」は「（ルーズリーフを）束ねるもの」／「束ねる」→「拘束する・義務を負わせる」

083

mere [míər]

merely 副 単に

形 単なる

only と同じイメージ／本来「純粋な」という意味で、「純粋な・混ざり物がない」→「〜しかない」となった。

084

biology [baɪáːlədʒi]

biological 形 生物学の
biologist 名 生物学者

名 生物学

「生物の（bio）学問（logy）」→「生物学」／study about DNA in biology class「生物学の授業で DNA について勉強する」

085

intersection
[ìntərsékʃən]

名 交差点

「互いの道の間で（inter）切ったもの（section）」→「交差点」

086

surely [ʃúərli]

副 確かに

「確実に・着実に」というイメージから、「確かに・必ず・きっと・着実に」などいろいろな訳し方になるが、どれも「強調の働き」と押さえておけば OK

087

coast [kóust]

名 海岸

オーストラリアの観光地「ゴールド・コースト（Gold Coast）」は「豊富な金鉱があった海岸」がその名の由来。

088

span [spǽn]

名 範囲・期間

「長期のスパン」とは「長い範囲・期間」／本来「親指と小指の間の長さ」で、昔はこれを基準にものを測ったのが由来。

089

frequently
[frí:kwəntli]

frequent 形 頻繁な

副 頻繁に

ホームページやパンフレットで使われる "FAQ" とは、frequently asked questions「頻繁に聞かれる質問」

090

survival [sərváivl]

survive 動 生き残る

名 生き残ること

名詞だということに注意（動詞は survive）／the survival of the fittest「適者生存」

45

---

091 ■ ■ ■ ■ ■ ■

target [tá:rgət]

名 目標・対象 動 対象にする

a target of criticism「批判の的」

---

092 ■ ■ ■ ■ ■ ■

fate [féɪt]

名 運命

control one's own fate「自分の運命の行方をコントロールする」は「自分の行動次第だ」ということで、君たちもこの本で単語力をつけて自分の fate を control しよう！

---

093 ■ ■ ■ ■ ■ ■

inquire [ɪnkwáɪər]

動 尋ねる

inquiry 名 問い合わせ

本来「中を (in) 捜し求める (quire)」／ask を硬くしたようなイメージ／inquire about ～「～について尋ねる」

---

094 ■ ■ ■ ■ ■ ■

jewelry [ʤú:əlri]

名 宝石類

jewel 名 宝石

「ジュエリー」は「宝石」のこと／発音は「ジュアルリー」の他に「ジューリー」でもいいのでこちらが日本語に入ったのだと思う／体や服につける装飾品全般を指せる。

---

095 ■ ■ ■ ■ ■ ■

millionaire
[mìljənéər]

名 大金持ち

million 名 100万
billionaire 名 超大金持ち

「million を持つ人」で、昔から「百万長者」と訳されるが、100 万円ではなく 100 万ドル（約 1 億円）なので、日本語訳は「億万長者・大金持ち」がベスト。

TRACK10 [091-100]

096 ◼◼◼◼◼◼

avoid [əvɔ́ɪd]

動 避ける

「離れて (a) 空にする (void)」→「離れて距離をとる」→「避ける」／何か嫌なものから「スルッと横道にそれて避ける」イメージ。

097 ◼◼◼◼◼◼

fluent [flúːənt]

形 流暢な

fluent は「流れる (flu=flow) ような」→「流暢な」／become fluent in Japanese「日本語が流暢になる」は大阪大の英文から。

098 ◼◼◼◼◼◼

selection
[səlékʃən]

select 動 選ぶ

名 選択・品揃え

「選択 (の行為)」の他に「(店の) 品揃え」でも使われる／have a good selection of bags「鞄の品揃えが良い」

099 ◼◼◼◼◼◼

gain [géɪn]

動 得る 名 利益・増加

get や obtain (p.33 の 029) と同じ意味／gain weight「体重が増える」

100 ◼◼◼◼◼◼

achievement [ətʃíːvmənt]

achieve 動 達成する

名 達成

「達成すること」全般を指すが、特に「学業の達成」／まずは100語達成！

101 ■ ■ ■ ■ ■ ■

gone [gɔ́:n]

形 行ってしまった・なくなった

「外出する・離れる・消える・別れる・亡くなる」など幅広く使われる／Is the spider gone?「クモ、もういない?」（部屋にクモが出て誰かに追い出してもらったとき）

102 ■ ■ ■ ■ ■ ■

accurate [ǽkjərət]

形 正確な

accurate の cure は care「注意」と同じ語源で、「注意が溢れて」→「正確な」／an accurate estimate「正確な予測」

103 ■ ■ ■ ■ ■ ■

poet [póuət]

poem 名（1編の）詩
poetry 名 詩（全体）

名 詩人

poem「詩」は有名だが、「詩人」はポエマーではなく、poet／He is a poet by occupation.「彼の職業は詩人だ」（○○ by occupation「仕事は○○だ」）

104 ■ ■ ■ ■ ■ ■

aspect [ǽspekt]

名 側面

君たちにはいくつかの「顔」があり、今は「英単語に真剣に取り組む顔」がある。そんな「いくつかある面のうちの1つ」が an aspect のイメージ。

105 ■ ■ ■ ■ ■ ■

shame [ʃéim]

名 残念なこと・恥

「恥」という訳語が有名だが、a shame「（自分の顔を覆い隠すほど）残念なこと」のほうが入試では狙われる／It's a shame that ～「～とは残念だ」

106

tasty [téɪsti]

形 おいしい

tasty but not very healthy「おいしいんだけど、あまり健康的ではない」

taste 動 味がする

107

prohibit [prouhíbət]

動 禁止する

prohibit discrimination based on gender「性別による差別を禁止する」(discrimination「差別」は p.88 の 251 を参照)

108

goodness
[gúdnəs]

名 善・Godの婉曲表現(Godを直接口にすることを避ける)

実際は Oh my goodness! で見かけることが多い (Oh my God! と同じ意味だが、God を遠回しに goodness にする用法で、gosh でも OK)。

109

clone [klóun]

名 クローン
動 クローンを作る

「クローン」と日本語になっているが、正しい発音は「クロウン」／cloning は「クローンを作る技術」

110

maternity [mətə́ːrnəti]

形 妊婦の

「マタニティドレス (maternity dress)」は「妊娠した女性のための服」／take maternity leave「産休を取る」(leave は「休暇」)

---

111 ▪▪▪▪▪▪

tail [téil]

名 しっぽ

「ポニーテイル」は馬のしっぽのように見えることから。

---

112 ▪▪▪▪▪▪

adjust [ədʒʌ́st]

動 調節する

「～へ向けて (ad) ジャスト (just) にする」→「調節する」／家具・ネックレスのひもなどを「調節するもの」を「アジャスター (adjuster)」と言う。

---

113 ▪▪▪▪▪▪

majority [mədʒɔ́:rəti]

名 大多数・過半数

major 形 主要な

「メジャーな (major) 人たち」→「大多数・過半数」／「大多数」の意味ばかりを教わることが多いが、特に選挙の話では「過半数 (50% より上)」の意味になる。

---

114 ▪▪▪▪▪▪

lesser [lésər]

形 小さいほうの

比較級 less に、さらに比較級の -er をつけてしまった、なんかかわいそうな単語／「レッサー (lesser) パンダ」とは「(ジャイアントパンダに比べて) 小さいパンダ」のこと。

---

115 ▪▪▪▪▪▪

length [léŋkθ]

名 長さ

long 形 長い

five meters in length「長さ5メートル」(範囲の in「～において」で、直訳は「長さにおいて5メートル」)

116

combine [kəmbáın]

動 組み合わせる

「コンビ (combination)」は「組み合わさったもの」で、combination の動詞が combine

117

instruct [ınstrʌ́kt]

動 指示する

instruction 名 指示・教えること

「インストラクター (instructor)」は「スポーツなどを指導・指示する人」/instruct 囚 to ～「囚に～するよう指示する」の形が重要。

118

via [váıə]

前 ～によって

本来「道 (を通って)」→「～経由で・～によって」/via e-mail「E メールで」

119

oral [ɔ́:rəl]

形 口頭の・口の

「英会話の授業」を「オーラルコミュニケーション (oral communication)」と言ったり、歯磨き粉の CM で「オーラル・ケア」と使われる。

120

probable [prá:bəbl]

形 ありそうな

probably 副 たぶん

「証明 (prob=prove) できる (able)」→「十分ありそうな」/It is probable that ～「～は十分ありそう・たぶん～」

121

ultimate
[ʌ́ltəmət]

ultimately 副 最終的に・結局

形 最終的な

よく「究極的な」と訳されるが（その意味もあるが）、「最終的な」のほうがうまくいく場面が多い／実際、ultimate の同義語として final を選ぶ問題が関西大で出題。

122

analogy [ənǽlədʒi]

名 類推・類似

現代文の入試問題で「アナロジー」が出てくるので、ここで意味を覚えておきたい／ have an analogy to[with] ～「～との類似点を持っている」→「～に似ている」

123

phase [féiz]

名 段階

本来「周期ごとに段階的に変わる月の形」なので、月を見上げて「そろそろ満月のフェイズに入るな」と言ってみれば、恥ずかしいけど覚えられる。

124

declare [dɪkléər]

動 宣言する・申告する

「完全に (de) 明らかに (clare=clear) する」→「宣言する・申告する」／declare independence「独立を宣言する」

125

conduct
名 [ká:ndʌkt] 動 [kəndʌ́kt]

名 行為
動 行う・導く・案内する

「ツアーコンダクター」は「旅行者を一緒に (con) 導く (duct) 人」／「導く」→「行う」／conduct an experiment「実験を行う」

TRACK13 [121-130]

126

luckily [lʌ́kəli]

lucky 形 幸運な

副 運良く

形容詞 lucky「幸運な」の副詞形／luckily fall on a soft lawn「運良く柔らかい芝生の上に落ちる」

127

permit [pərmít]

permission 名 許可

動 許可する

permit students to use smartphones「学生がスマホを使うのを許可する」（permit 人 to ～「人 が～するのを許可する」）

128

fiber [fáɪbər]

名 繊維

食物繊維の豊富さをウリにした食品のパッケージに fiber と書いてある／もちろん、食物繊維だけじゃなくて、普通の「繊維」（布・生地の材料）も表す。

129

rude [rúːd]

形 無礼な・無作法な

raw「生の」と語源が同じで「（行動が）生の・むき出しの」→「気遣いがないままの」→「無礼な・失礼な」

130

approximately
[əprɑ́ːksəmətli]

approximate 形 おおよその

副 およそ

approach「近づく」と同じ語源で、「近づいていく」→「おおよその」／about「約」と同じ意味で使える／2023 年共通テストで、この単語がポイントになる出題があった。

53

131

individual
[ìndəvídʒuəl]

名 個人 **形** 個人の

「これ以上分割する (divide) ことができない (否定の in)」→「最小単位」→「個人」

132

sudden [sʌ́dn]

形 急な

a sudden increase in blood pressure「血圧の急上昇」／all of a sudden「突然」

133

raise [réiz]

動 上げる・育てる・(金を)集める・(質問を)出す

核心は「上げる」／「年齢を上げる」→「育てる」、「金を積み上げる」→「集める」、「質問を上げる」→「出す」

134

correct [kərékt]

形 正しい **動** 訂正する

「まっすぐ正しい方向へ (rect) 向かう」→「正しい・訂正する」(rect は direct「まっすぐな・直接の」でも使われることを意識すれば、collect「集める」とも区別できる)

135

aisle [áil]

名 通路

飛行機の座席指定で、aisle or window seat「通路側か窓側」が使われるので、通路側が嫌いでも空港で「アイルシート」と言えば覚えられる (日本の空港でも通じる)。

136 ■■■■■■

quit [kwít]

動 やめる

quiet「静かな」と関連があり、「静かになる」→「もうやらない・やめる」と考えよう／quit one's job「仕事をやめる」／無変化動詞（quit-quit-quit）

137 ■■■■■■

assistance [əsístəns]

assistant 名 助手

名 援助

動詞 assist「手伝う」の名詞形には2つあり、多くの受験生が assistant「アシスタント・助手」ばかりを使ってしまうが、「助ける行為」ならこの assistance

138 ■■■■■■

habitat [hǽbətæt]

habitable 形 住むことができる・住むのに適した

名 生息地・(人の)居住地

「人の中に (in) 習慣 (habit) が住む」→「居住する」で、その名詞が habitat ／ natural habitat「自然生息地」は早稲田大や都立大で出題。

139 ■■■■■■

innovation
[ìnəvéiʃən]

innovate 動 革新する・刷新する
innovative 形 革新的な

名 革新

「イノベーション」は「まったく新しい方法・考え」や「それを取り入れること」／動詞 innovate「革新する」は本来「中に (in) 新しさ (nova) を入れる」(novel「目新しい」)

140 ■■■■■■

gravity [grǽvəti]

名 重力・重大さ

gr は「重さ」関係の響きがあり、gram「グラム」に使われる／「重力」を "g" と表すのは gravity のこと／ジェットコースターで「G がかかる」もこのこと。

141

flat [flǽt]

形 平らな

write on a flat surface「平らなところで書く」／a flat tire「パンクしたタイヤ」は「空気が抜けて平らになった」→「パンクした」ということ。

142

poverty [pá:vərti]

名 貧困

work hard to get out of poverty「貧困から抜け出るために一生懸命働く」

143

thankful [θǽŋkfl]

形 感謝している

be thankful to 人 for ～「人 に～のことで感謝している」

144

laboratory
[lǽbərətɔ̀:ri]

lab 名 研究室

名 研究室

「研究所」の意味の「ラボ(lab)」は laboratory の略(ネイティブも短くすることが多い)／学校の「LL教室」は language laboratory「語学演習室」

145

reaction [riǽkʃən]

react 動 反応する

名 反応

「芸人のリアクション」とは「何かの言動に反応すること」／her reaction to the news of the traffic accident「交通事故の知らせに対する彼女の反応」

146 ■ ■ ■ ■ ■ ■

react [riǽkt]

動 反応する

reaction「リアクション・反応」の動詞形が react なので、「リアクション悪！」と言われたら「動詞だと react だよね」とわけわかんないことを返してしまえばいい。

147 ■ ■ ■ ■ ■ ■

equal [íːkwəl]

形 等しい

「イコール (=)」のこと (ただし発音・アクセントはだいぶ違う)／divide the pie into four equal portions「パイを 4 等分にする」

148 ■ ■ ■ ■ ■ ■

disadvantage
[dìsədvǽntɪdʒ]

advantage 名 有利・メリット

名 不利・デメリット

advantage に否定の dis がついたもの／advantages and disadvantages「メリットとデメリット」

149 ■ ■ ■ ■ ■ ■

distinguish
[dɪstíŋgwɪʃ]

distinguished 形 際立った

動 区別する

dis はマイナスイメージ (ここでは「分離させる」という意味) で、「頭の中で分離する」→「区別する」／distinguish A from B「A と B を区別する」が重要。

150 ■ ■ ■ ■ ■ ■

except [ɪksépt]

前 〜を除いて

expect「期待する」と見間違いやすいが、except の「セプト」という発音は「(例外を) スパッと取り出す」というニュアンスで覚えよう。

151

evolve [ɪvά:lv]

動 (徐々に) 発展する・進化する

「外へ (ex) 回転する (volve)」→「進化する」(exvolve が発音しにくいので evolve となった)。今日もちゃんと単語で evolve したかい?

152

evolution [èvəlú:ʃən]

evolve 動 進化する
evolutionary 形 進化の

名 進化

形容詞は evolutionary「進化の」で、受験生の普段の勉強は evolutionary change「少しずつの変化」/本書では revolutionary change「劇的な (革命的な) 変化」を目指そう。

153

responsible
[rɪspά:nsəbl]

responsibility 名 責任

形 責任 (感) がある・原因となる

「責任者は?」と聞かれて、「私です」と「反応 (response) を返すことができる (ible)」→「責任がある」

154

blind [blάɪnd]

形 目の見えない

「ブラインドカーテン」は「日光を遮断し、部屋を (目が見えないほど) 暗くするカーテン」くらいに考えよう/Love is blind.「恋は盲目」

155

guilty [gílti]

guilt 名 罪・罪悪感

形 有罪の・罪悪感がある

実際に「有罪」の場合 (be guilty of murder「殺人の罪を犯している」) にも、「有罪のような気持ち」→「罪悪感がある」(feel guilty「罪悪感がある」) 場合にも使える。

156

omit [oumít]

動 省く

「反対方向に (o=oppose) 送る (mit)」→「外
に出して無視する」→「省く」

157

fuel [fjú:əl]

名 燃料 動 煽る

fossil fuel「化石燃料 (石油や天然ガスなど)」
が有名だが、動詞「燃料を足す」→「煽る」
の意味は慶應大で出題。

158

rural [rúərəl]

形 田舎の

対義語は urban「都会の」／live in a rural
area「田舎の地域に住んでいる」

159

greeting [grí:tɪŋ]

greet 動 あいさつする

名 あいさつ

「グリーティングカード (greeting card)」は「ク
リスマスや誕生日などに送るカード」／
exchange greetings in the morning「朝に
あいさつを交わす」

160

military [mílətèri]

形 軍の 名 軍隊

「ミリタリーものの服」は「軍服を元にした
デザインの服」(アーミー柄など)／military
power「軍事力」はニュースで頻出。

161

background
[bǽkgràund]

名 背景・経歴

「後ろ(back)にある土台(ground)」→「背景・経歴」／one's academic background「学歴」

162

prison [prízn]

名 刑務所

受験にはあまり関係ないように思われるが、ニュースでは欠かせない単語／be in prison「服役して」、escape from prison「脱獄する」

163

challenge
[tʃǽlɪndʒ]

名 挑戦・困難・やりがい
動 挑戦する・異議を唱える

「困難・やりがい」という「一丁やったるか!」というイメージ／「従来の考えに挑戦する」→「異議を唱える」

164

distant [dístənt]

形 遠い

「離れて(dis)立つ(stant=stand)」→「遠い」

distance 名 距離

165

humanity [hju:mǽnəti]

名 人間性・人類

本来の意味は「人間の(human)状態」→「人間性」だが、入試では「人類」の意味で使われることが多い／ざっくりhumanと考えても困らない。

🔊 TRACK17 [161-170]

166 ■ ■ ■ ■ ■ ■

hug [hʌ́g]

動 抱き締める

日本語でも「あいさつとして抱き合う」こと
を「ハグする」とそのまま使われる。

167 ■ ■ ■ ■ ■ ■

industry [índəstri]

名 業界・勤勉

ほぼ間違いなく「産業」という訳語で教わる
が、「業界」という訳語の方が便利/the
music industry「音楽業界」/さらに「業界
で勤勉」とセットで覚えればOK

168 ■ ■ ■ ■ ■ ■

core [kɔ́:r]

名 核心・中心

cor には「心」の意味があり、難しい単語だ
が cordial「心からの」で使われている/英
文法でも単語でも「核心 (core)」を掴むこと
が大切。

169 ■ ■ ■ ■ ■ ■

preschool
形[prìːskúːl] 名[príːskùːl]

形 就学前の　名 幼稚園・保育園

「学校 (school) の前 (pre)」→「小学校より
前の段階」→「幼稚園・保育園」(国によって
制度が違うので、ピッタリ一致することはないが、
大体この辺りの年齢で通う施設を指す)

170 ■ ■ ■ ■ ■ ■

normally [nɔ́:rməli]

normal 形 普通の

副 普通は

「ノーマルのときは」→「普通は」/
normally go to bed around ten o'clock「普
通は10時頃に寝る」

171

weaken [wíːkən]

動 弱める

「弱く (weak) する (en)」→「弱める」

172

none [nán]

代 ひとつも〜ない

no+one のイメージ／none of ...「…のうち、ひとつも〜ない」という形が重要／試験の選択肢で none of the above「上記の (他の選択肢の) どれでもない」も使われる。

173

rent [rént]

動 賃借りする・賃貸しする
名 貸し家

rental 名 賃貸[賃借]料
形 賃貸[賃借]の

「貸す・借りる」両方の意味がある (文脈で判断)／FOR RENT「貸し家あり」の表示は日本でもよく見かける。

174

permanent
[páːrmənənt]

形 永久の

permanently 副 永久に
permanence 名 永続

「パーマ」は「永久的に髪にクセをつける」という意味 (美容院のメニュー表に permanent と書いてあるはず)。

175

laptop [lǽptàːp]

名 ノートパソコン

日本語では「ノートパソコン」と言うが、英語では「ひざ (lap) の上 (top) に置く」→「ラップトップ型パソコン」

---

176 ■ ■ ■ ■ ■ ■

pure [pjúər]

形 純粋な

本来「混ざりものがない」(100% pure orange juice のイメージ)／「ピュアな人」というイメージを利用して覚えるのはアリだが、実際に「人がピュア」には innocent が多い。

---

177 ■ ■ ■ ■ ■ ■

lecture [léktʃər]

lecturer 名 講師

名 講義・説教 動 講義する

give a lecture on medieval Europe「中世ヨーロッパについての講義をする」(give と「意識の接触の on (〜について)」を使うのがポイント)

---

178 ■ ■ ■ ■ ■ ■

typical [típɪkl]

typically 副 一般的に

形 典型的な

発音が「ティピカル」なので見落とされるが、type「タイプ・型」に注目して、「よくあるタイプ (type) の」→「典型的な・一般的な」ということ。

---

179 ■ ■ ■ ■ ■ ■

tire [táiər]

動 疲れさせる

「はあ…」という感じの「疲れさせる」／一応自動詞もあるが受験生は無視して他動詞「疲れさせる」だけで OK

---

180 ■ ■ ■ ■ ■ ■

tiring [táiərɪŋ]

tired 形 疲れた

形 疲れさせるような・退屈な

tire「疲れさせる」に -ing がついて「疲れさせるような」／a tiring day「疲れさせるような 1 日」→「疲れる 1 日」でよく使われる。

181 □ ■ ■ ■ ■ ■

widely [wáɪdli]

wide 形 広い・幅がある

副 広く・広範囲にわたって

wide「幅が広い」の副詞形で意味も簡単だが、実際には「世間一般で幅広く」というニュアンスでよく使われる／be widely read in Japan「日本で広く読まれている」

182 □ ■ ■ ■ ■ ■

width [wídθ]

名 幅

発音「ウィドゥス」に注意／check the width of the entrance「入り口の幅を確認する」

183 □ ■ ■ ■ ■ ■

summary
[sʌ́məri]

名 要約

ビジネスで「会議のサマリー」と言えば「会議を要約したもの」のこと／a summary of the book「その本の要約」

184 □ ■ ■ ■ ■ ■

mental [méntl]

形 精神の

「メンタルの強さ」でおなじみ／1000単語挑戦中の君たちは強靭な「メンタル」も養えるはず。

185 □ ■ ■ ■ ■ ■

microwave
[máɪkrouwèɪv]

名 電子レンジ

「微小な・ミクロな (micro) + 波 (wave)」→「(マイクロウェイブを使った) 電子レンジ」

---

186 ■ ■ ■ ■ ■ ■

root [rú:t]

名 根・ルーツ
動 根づかせる

文字通り「植物の根っこ」以外にも、the root of the problem「その問題の根源」でも使える。

---

187 ■ ■ ■ ■ ■ ■

formal [fɔ́:rml]

formally 副 正式に

形 正式の・形式的な

「形 (form) にこだわった・形式ばった」→「正式の」/「フォーマルなドレス (formal dress)」は「正式な場で着る服 (礼服・正装)」

---

188 ■ ■ ■ ■ ■ ■

amazed [əméizd]

amaze 動 驚かせる
amazing 形 驚くべき・素晴らしい

形 驚いた・驚嘆した

amaze「驚かせる」の過去分詞で、「驚かされた」→「驚いた・驚嘆した」/「驚嘆 (驚いて感心すること)」なので、良い驚きに使われる。

---

189 ■ ■ ■ ■ ■ ■

aid [éid]

名 援助 動 援助する

「バンドエイド (Band-Aid)」の aid は「助け」（キズの治癒で助けをくれるもの）

---

190 ■ ■ ■ ■ ■ ■

navy [néivi]

名 海軍

色の「ネイビー (濃紺)」はイギリス海軍の制服の色に由来/join the navy「海軍に入隊する」/ちなみに army「陸軍」、air force「空軍」

191

passion [pǽʃən]

名 情熱

passion for music「音楽に対する情熱」(方向性の for)

192

pillar [pílər]

名 柱

世界遺産の建物などの紹介で使われる／「中心・要」の意味の「柱」にも使える。

193

reserve [rɪzə́:rv]

動 予約する・取っておく
名 蓄え

reservation 名 予約
reserved 形 予約済みの・控えめな

本来「後ろに (re) 取っておく (serve)」／reserve a table for dinner「ディナー (のためにテーブル席) を予約する」

194

baggage [bǽgɪdʒ]

名 荷物 (一式)

luggage 名 荷物 (一式)

bag「カバン」がたくさんあるイメージで、本来「手荷物類一式」なので、1つ1つを数えない (つまり不可算名詞扱い)。

195

fare [féər]

名 運賃

How much is the fare from A to B?「AからBまでの運賃はいくらですか?」は海外旅行でも便利な表現。

🔊 **TRACK20** [191-200]

196

cycle [sáɪkl]

動 自転車に乗る・循環する
名 自転車

「サイクリング (cycling)」でおなじみで、「回転する」イメージ／cycle around Kyoto「京都を自転車でまわる」

197

senior [síːnjər]

形 役職が上の

「年上」と訳されることが多いが、実際は役職について使われることが多い。

junior **形** 年下の

198

incredible [ɪnkrédəbl]

形 信じられない (ほどすごい)

credit「信用」から、「否定 (in) ＋信用 (cred=credit) されることができる (ible)」→「信じられない・信じられないくらい素晴らしい」の2つの意味を押さえる。

199

indeed [ɪndíːd]

副 本当に・いや実は

「強調の働き」をする副詞／"否定文. Indeed 〜."の形で「そうじゃなくって実際は〜」という意味が長文問題で大事。

200

politician [pàːlətíʃən]

名 政治家

「政治 (politic=politics) の専門家 (ian)」→「政治家」(ian「人」は musician「ミュージシャン」で使われている)

politics **名** 政治

次の(1)～(5)の単語の意味を、①～⑤から選びなさい。

1

(1) **aspect**　(2) **frighten**　(3) **fiber**　(4) **uncomfortable**
(5) **flat**

① 落ち着かない　② 平らな　③ 怖がらせる・ぞっとさせる　④ 側面　⑤ 繊維

A　(1) ④　(2) ③　(3) ⑤　(4) ①　(5) ②

2

(1) **exception**　(2) **lecture**　(3) **evolution**　(4) **rarely**
(5) **military**

① めったに～ない　② 軍の／軍隊　③ 例外　④ 講義・説教／講義する　⑤ 進化

A　(1) ③　(2) ④　(3) ⑤　(4) ①　(5) ②

3

(1) **baggage**　(2) **chaos**　(3) **attach**　(4) **insist**
(5) **achievement**

① くっつける　② 混乱　③ 荷物（一式）　④ 達成　⑤ 要求する・強く主張する

A　(1) ③　(2) ②　(3) ①　(4) ⑤　(5) ④

4

(1) **pillar**　(2) **frequently**　(3) **microwave**　(4) **equal**
(5) **length**

① 頻繁に　② 柱　③ 長さ　④ 等しい　⑤ 電子レンジ

A　(1) ②　(2) ①　(3) ⑤　(4) ④　(5) ③

5

(1) **aisle**　(2) **goodness**　(3) **quit**　(4) **summary**
(5) **clinic**

① 通路　② やめる　③ 善・Godの婉曲表現　④ 診療所　⑤ 要約

A　(1) ①　(2) ③　(3) ②　(4) ⑤　(5) ④

6

(1) **weaken**　(2) **fuel**　(3) **option**　(4) **pity**

(5) **thankful**

① 感謝している　② 選択肢　③ 燃料／煽る　④ 弱める　⑤ 残念なこと・哀れみ

A　(1) ④　(2) ③　(3) ②　(4) ⑤　(5) ①

7

(1) **react**　(2) **blind**　(3) **distant**　(4) **selection**

(5) **navy**

① 海軍　② 遠い　③ 反応する　④ 目の見えない　⑤ 選択・品揃え

A　(1) ③　(2) ④　(3) ②　(4) ⑤　(5) ①

8

(1) **wheel**　(2) **art gallery**　(3) **habitat**　(4) **rare**

(5) **avoid**

① 美術館　② 車輪　③ 生息地・(人の)居住地　④ 避ける　⑤ 珍しい

A　(1) ②　(2) ①　(3) ③　(4) ⑤　(5) ④

9

(1) **humanity**　(2) **laboratory**　(3) **survival**　(4) **fate**

(5) **combine**

① 組み合わせる　② 研究室　③ 人間性・人類　④ 生き残ること　⑤ 運命

A　(1) ③　(2) ②　(3) ④　(4) ⑤　(5) ①

10

(1) **enable**　(2) **background**　(3) **fare**　(4) **flyer・flier**

(5) **passion**

① 運賃　② 可能にする　③ 情熱　④ チラシ　⑤ 背景・経歴

A　(1) ②　(2) ⑤　(3) ①　(4) ④　(5) ③

次の(1)～(5)の単語の意味を、① ～⑤ から選びなさい。

11
(1) **rent**　(2) **outcome**　(3) **suspect**　(4) **oral**
(5) **slave**

① 口頭の・口の　② 奴隷　③ 疑う(～ではないかと思う)／容疑者　④ 結果
⑤ 賃借りする・賃貸しする／貸し家

A　(1) ⑤　(2) ④　(3) ③　(4) ①　(5) ②

12
(1) **donate**　(2) **mature**　(3) **via**　(4) **lazy**
(5) **cab**

① タクシー　② 寄付する・提供する　③ ～によって　④ だらけた
⑤ 成熟した／成熟する

A　(1) ②　(2) ⑤　(3) ③　(4) ④　(5) ①

13
(1) **overseas**　(2) **incredible**　(3) **adjust**　(4) **greeting**
(5) **depend**

① 海外へ(で)／海外の　② あいさつ　③ 調節する　④ 頼る・左右される
⑤ 信じられない(ほどすごい)

A　(1) ①　(2) ⑤　(3) ③　(4) ②　(5) ④

14
(1) **opposite**　(2) **clone**　(3) **conduct**　(4) **surely**
(5) **declare**

① 反対の／反対に　② 確かに　③ クローン／クローンを作る　④ 宣言する・申告する
⑤ 行為／行う・導く・案内する

A　(1) ①　(2) ③　(3) ⑤　(4) ②　(5) ④

15
(1) **alcohol**　(2) **hierarchy**　(3) **apply**　(4) **phase**
(5) **normally**

① 階層　② アルコール・酒　③ 当てはまる・申し込む　④ 普通は　⑤ 段階

A　(1) ②　(2) ①　(3) ③　(4) ⑤　(5) ④

	Set 1	Set 2	Set 3	Set 4	Set 5	Set 6
	/	/	/	/	/	/

16 (1) quite (2) shame (3) gain (4) institution (5) industry

① 業界・勤勉　② 得る／利益・増加　③ 機関・制度　④ 残念なこと・恥
⑤ 結構・完全に

A (1) ⑤ (2) ④ (3) ② (4) ③ (5) ①

17 (1) aid (2) responsible (3) seldom (4) widely (5) lessen

① 広く・広範囲にわたって　② 責任(感)がある・原因となる　③ めったに〜ない
④ 援助／援助する　⑤ 少なくする・減る

A (1) ④ (2) ② (3) ③ (4) ① (5) ⑤

18 (1) luckily (2) inquire (3) generate (4) analogy (5) beg

① 運良く　② 懇願する　③ 尋ねる　④ 類推・類似　⑤ 生み出す

A (1) ① (2) ③ (3) ⑤ (4) ④ (5) ②

19 (1) poverty (2) except (3) correct (4) typical (5) raise

① 〜を除いて　② 正しい／訂正する　③ 上げる・育てる・(金を)集める・(質問を)出す
④ 典型的な　⑤ 貧困

A (1) ⑤ (2) ① (3) ② (4) ④ (5) ③

20 (1) tail (2) omit (3) virus (4) blame (5) poet

① しっぽ　② 省く　③ 詩人　④ ウイルス　⑤ 責める

A (1) ① (2) ② (3) ④ (4) ⑤ (5) ③

次の(1)〜(5)の単語の意味を、①〜⑤から選びなさい。

21
(1) tire (2) gradually (3) unable (4) gravity (5) disadvantage

① 〜できない ② 重力・重大さ ③ 徐々に・だんだんと ④ 疲れさせる
⑤ 不利・デメリット

A (1) ④ (2) ③ (3) ① (4) ② (5) ⑤

22
(1) bulb (2) debut (3) matarnity (4) delay (5) estate

① 遅れ／遅らせる ② 電球 ③ 財産 ④ 妊婦の ⑤ デビュー（初登場）／デビューする

A (1) ② (2) ⑤ (3) ④ (4) ① (5) ③

23
(1) tasty (2) reserve (3) lesser (4) preschool (5) fortune

① 小さいほうの ② 富・幸運 ③ 就学前の／幼稚園・保育園
④ 予約する・取っておく／蓄え ⑤ おいしい

A (1) ⑤ (2) ④ (3) ① (4) ③ (5) ②

24
(1) false (2) soldier (3) jewelry (4) double (5) target

① 宝石類 ② 倍に増える(増やす)／倍の ③ 兵士 ④ 誤った
⑤ 目標・対象／対象にする

A (1) ④ (2) ③ (3) ① (4) ② (5) ⑤

25
(1) comfortable (2) obey (3) senior (4) fluent (5) distinguish

① 流暢な ② 役職が上の ③ 区別する ④ 従う ⑤ 快適な

A (1) ⑤ (2) ④ (3) ② (4) ① (5) ③

26
(1) **indeed**　(2) **politician**　(3) **none**　(4) **mental**
(5) **instruct**

① 政治家　② 精神の　③ 指示する　④ 本当に・いや実は　⑤ ひとつも〜ない

A　(1) ④　(2) ①　(3) ⑤　(4) ②　(5) ③

27
(1) **tiring**　(2) **purchase**　(3) **theory**　(4) **hug**
(5) **abroad**

① 抱き締める　② 購入する／購入　③ 理論　④ 外国へ　⑤ 疲れさせるような・退屈な

A　(1) ⑤　(2) ②　(3) ③　(4) ①　(5) ④

28
(1) **cycle**　(2) **claim**　(3) **assistance**　(4) **prison**
(5) **guilty**

① 主張する・要求する／主張・要求　② 援助　③ 自転車に乗る・循環する／自転車
④ 有罪の・罪悪感がある　⑤ 刑務所

A　(1) ③　(2) ①　(3) ②　(4) ⑤　(5) ④

29
(1) **majority**　(2) **diet**　(3) **accurate**　(4) **width**
(5) **evolve**

① 幅　② 大多数・過半数　③ 正確な　④ （徐々に）発展する・進化する
⑤ 食事・ダイエット

A　(1) ②　(2) ⑤　(3) ③　(4) ①　(5) ④

30
(1) **permanent**　(2) **recommend**　(3) **individual**
(4) **substitute**　(5) **legacy**

① 勧める　② 個人／個人の　③ 代わりに使う　④ 永久の　⑤ 遺産

A　(1) ④　(2) ①　(3) ②　(4) ③　(5) ⑤

次の(1)〜(5)の単語の意味を、①〜⑤から選びなさい。

31
(1) **intersection** (2) **illusion** (3) **introduction**
(4) **rural** (5) **thorough**

① 田舎の ② 導入・紹介 ③ 徹底的な・完全な ④ 交差点 ⑤ 錯覚・幻想

A (1) ④ (2) ⑤ (3) ② (4) ① (5) ③

32
(1) **refer** (2) **rude** (3) **flexible** (4) **coast**
(5) **sudden**

① 融通の利く・柔軟な ② 海岸 ③ 急な ④ 言う・表す・参照する ⑤ 無礼な・無作法な

A (1) ④ (2) ⑤ (3) ① (4) ② (5) ③

33
(1) **gone** (2) **amazed** (3) **draft** (4) **hardly**
(5) **glory**

① 下書き ② 驚いた・驚嘆した ③ 栄光 ④ ほとんど〜ない
⑤ 行ってしまった・なくなった

A (1) ⑤ (2) ② (3) ① (4) ④ (5) ③

34
(1) **pure** (2) **challenge** (3) **reaction** (4) **laptop**
(5) **prohibit**

① 禁止する ② ノートパソコン ③ 挑戦・困難・やりがい／挑戦する・異議を唱える
④ 反応 ⑤ 純粋な

A (1) ⑤ (2) ③ (3) ④ (4) ② (5) ①

35
(1) **natural gas** (2) **biology** (3) **breath** (4) **taboo**
(5) **ingredient**

① 生物学 ② 天然ガス ③ タブー・ご法度 ④ 呼吸 ⑤ 成分・材料

A (1) ② (2) ① (3) ④ (4) ③ (5) ⑤

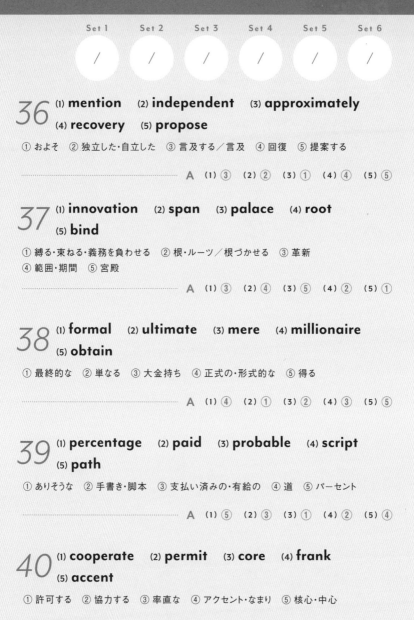

36
(1) **mention**　(2) **independent**　(3) **approximately**
(4) **recovery**　(5) **propose**

① およそ　② 独立した・自立した　③ 言及する／言及　④ 回復　⑤ 提案する

A　(1) ③　(2) ②　(3) ①　(4) ④　(5) ⑤

37
(1) **innovation**　(2) **span**　(3) **palace**　(4) **root**
(5) **bind**

① 縛る・束ねる・義務を負わせる　② 根・ルーツ／根づかせる　③ 革新
④ 範囲・期間　⑤ 宮殿

A　(1) ③　(2) ④　(3) ⑤　(4) ②　(5) ①

38
(1) **formal**　(2) **ultimate**　(3) **mere**　(4) **millionaire**
(5) **obtain**

① 最終的な　② 単なる　③ 大金持ち　④ 正式の・形式的な　⑤ 得る

A　(1) ④　(2) ①　(3) ②　(4) ③　(5) ⑤

39
(1) **percentage**　(2) **paid**　(3) **probable**　(4) **script**
(5) **path**

① ありそうな　② 手書き・脚本　③ 支払い済みの・有給の　④ 道　⑤ パーセント

A　(1) ⑤　(2) ③　(3) ①　(4) ②　(5) ④

40
(1) **cooperate**　(2) **permit**　(3) **core**　(4) **frank**
(5) **accent**

① 許可する　② 協力する　③ 率直な　④ アクセント・なまり　⑤ 核心・中心

A　(1) ②　(2) ①　(3) ⑤　(4) ③　(5) ④

1000個達成で世界が変わる

　さて、最初の200個をやってみて、いかがだったでしょうか?

　苦しいながらも、「スッキリ削ぎ落した単語帳」は意外と気持ち良く進められた、と思ってもらえればいいのですが、中には今までの単語帳に慣れ過ぎて、ちょっと不安になった人もいるかもしれませんね。

　でも本来、単語帳というのはこういうものだったはずです。たくさんのことを載せた単語帳は教え手の立場からすれば非常に都合が良いのです。「ほら、載ってるのだから覚えなさい」と言えてしまうのですから。でも実際に使う高校生のことを意識すれば、あれもこれも載せることなんてできません。

　みなさんは「まず意味を覚える」ことを最優先しましょう。「ノイズ」を減らしたこの単語帳はみなさんの集中力も研ぎ澄ませてくれるはずです。

　そして1000個達成した時点で、みなさんの英語力に革命が起きます。世界が変わります。白黒だった英語の世界が、色鮮やかな vivid な世界に変わります。テンション上がって、空を見上げて「雲が綺麗」とか思うし、スキップしちゃうし、なんなら道端で小鳥に話しかけるかもしれません。それぐらい大きな変化が起きますよ。ホントに。

ZONE

2

[単語201〜400]

	DATE	NOTE
Set 1	/	
Set 2	/	
Set 3	/	
Set 4	/	
Set 5	/	
Set 6	/	

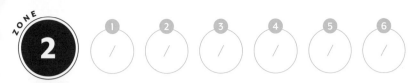

201

bore [bɔ́:r]

boring 形 退屈な
bored 形 退屈して

動 退屈させる

bore は「退屈させる」／「退屈する」ではない。

202

philosophy [fəlá:səfi]

名 哲学

「知 (sophy) を愛すること (philo)」→「哲学」／「上智大学」の英訳は、Sophia University で「知・智」を表している。

203

economy [ɪká:nəmi]

economic 形 経済の

名 経済・節約

本来「お金の管理」→「経済・節約」の2つをチェック／飛行機の「エコノミークラス」は「安くて節約できる座席」

204

flour [fláuər]

名 小麦粉

flower「花」と同じ発音 (実は語源も同じ)／wheat は「(植物としての) 小麦」を表すのに対し、flour は「小麦粉」のこと (小麦の「花」の部分から作ったことから)。

205

currently
[ká:rəntli]

current 形 現在の 名 流れ

副 現在 (のところ)

「まさに今現在」という意味で、「今後は違う」と示唆することもある (長文でこの発想が役立つことも多い)／currently out of stock「今のところ在庫切れで」

206

checkup [tʃékʌp]

名 検査・健康診断

動詞 check up「検査する」が名詞になったもの／a medical[physical] checkup「健康診断」(checkup だけでも同じ意味になる)

207

coupon [kúːpɑːn]

名 割引券・クーポン

広告を題材にした問題やリスニングで出てくる／a discount coupon「割引券」

208

highly [háɪli]

副 非常に・大いに

「実際の背の高さ」ではなく、比喩的・抽象的な意味で「高い」→「非常に」というイメージ／highly recommend「大いに勧める」

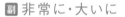

209

vaccine [væksíːn]

名 ワクチン

発音は「ヴァクスィーン」(何度教えても「ワクチーン」と言う生徒がいたが、めでたく東工大に合格)／take a vaccine against COVID-19「新型コロナの予防接種を受ける」

vaccinate 動 (人に) 予防接種する

210

fully [fúli]

副 十分に

fully vaccinated「十分にワクチンを接種された」→「ワクチン接種完了の」

211

inconvenience
[ìnkənvíːnjəns]

inconvenient 形 不便な

名 不便

「in（否定）+ convenience（便利）」→「不便」
／お知らせ（工事や店）でよく使われる／We
apologize for the inconvenience.「ご迷惑
をおかけして申し訳ありません」

212

device [dɪváɪs]

名 装置

「デバイス」とは本来「装置」のこと／ただ
し英語の device は USB など小さなものと
は限らず、「エアコン」や「医療機器」など
も表せる。

213

hospitality
[hàːspətǽləti]

名 おもてなし

「ホスピタリティ」はこの hospitality という
単語／語源が同じ hospital「病院」は本来
「客・患者をもてなす場所」という意味だっ
た。

214

success [səksés]

名 成功

品詞の区別を完璧に。success「成功」は名
詞、successful「成功した」は形容詞、
succeed「成功する」は動詞。

215

disturb [dɪstə́ːrb]

disturbance 名 妨害

動 邪魔する

ホテルのドアに、Do not disturb. と書かれ
た札を置くと、「ゆっくり寝たいので邪魔し
ないで（掃除に入ったり、呼び出しをしないで）」
というスタッフへのメッセージになる。

216

proper [prá:pər]

形 適切な

「プロパー価格」とは「適正価格（バーゲンではない通常の価格）」のことで、洋服屋の店員がたまに使う／「プロが決めた適切なもの」と覚えるのもアリ。

217

complete [kəmplí:t]

completely **副** 完全に

形 完全な **動** 完成させる・記入する

入試の設問に in complete sentences「完全な文で」とあれば「（単語だけではなく）主語・述語を使った完全な文で」答えないといけない。

218

quantity [kwá:ntəti]

名 量

quality「質」と見間違えることが多い／prefer quality to quantity「量より質をとる」（prefer A to B「B より A を好む」）

219

destination
[dèstənéiʃən]

名 目的地

「そこに行き着くことを運命（destiny）づけられた場所」→「目的地」／a popular tourist destination「人気の観光地（観光の目的で行く場所）」

220

moving [mú:viŋ]

moved **形** 感動した

形 感動的な

動詞 move は「動かす」→「心を動かす」→「感動させる」で、その -ing 形「感動させるような」／慶應大では touching「（心に触れるほど）感動的な」との書き換えで出題。

221

loyal [lɔ́ɪəl]

loyalty 名 忠誠心

形 忠実な

本来 legal「合法の」と関連があり、「合法の」→「法を忠実に守る」→「忠実な・誠実な」／loyal は law「法」と同じ l のつづりから royal「王室の」と区別可能。

222

employ [ɪmplɔ́ɪ]

動 雇う

「em (中に) ploy (結びつける)」→「仕事の中に結びつける」→「雇う」／正社員、アルバイト問わず使える／employ her as a salesperson「彼女を販売員として雇う」

223

employer [ɪmplɔ́ɪər]

employee 名 従業員

名 雇用者

「雇う (employ) 人 (er)」→「雇用者 (経営側)」／ちなみに、employee は「employ される人 (社員側)」

224

puppy [pʌ́pi]

名 子犬

「パペット・人形 (puppet)」と関連があり、puppy は「(ぬいぐるみのような) 子犬」

225

familiar [fəmíljər]

形 よく知っている

つづりがそっくりな family と関係があり、本来「family のような」→「家族のようによく知っている」／be familiar with ～「～をよく知っている」

226 ■ ■ ■ ■ ■ ■

imitate [ímətèit]

imitation 名 偽物

動 まねる

imitate 人「人のまねをする」／君がマネをしたい人 (目標の人) の名前を入れて覚えよう。

227 ■ ■ ■ ■ ■ ■

occur [əkə́:r] 🏆

occurrence 名 発生・出来事

動 起こる・(考えが) 心に浮かぶ

良い案が急に浮かんで頭の上に電球がつくイメージ／It occur to 人 that sv「sv ということが 人 に思いつく」

228 ■ ■ ■ ■ ■ ■

advance [ədvǽns]

in advance 熟 事前に

動 進む・進める 名 進行

語源的に advantage「有利」とも関連があるので、「有利な立場に立つために前に進む」と覚えるのもアリ。

229 ■ ■ ■ ■ ■ ■

fake [féik]

形 偽の

本物ではない毛皮を「フェイクファー」、革製品なら「フェイクレザー」と言う／fake news「偽のニュース」

230 ■ ■ ■ ■ ■ ■

protein [próuti:n]

名 たんぱく質

筋トレしている人が飲む「プロテイン」は「タンパク質」を補うもの (protein supplement)。

231

lay [léɪ] 🛡️

動 (他動詞) 置く・横にする

「横たえる」よりも「置く」と覚えるべき。他動詞（直後に名詞がくる）であることと変化（lay – laid – laid）に注意。

232

fellow [félou]

名 仲間・同僚

「仲間同士」というイメージ／talk to a fellow test-taker「自分と同じ受験生に話す」（このように形容詞的にも使う）

233

compete [kəmpíːt]

competition **名** 競争
competitor **名** 競争相手

動 競争する

compete for a prize of one million yen「100 万円の賞金を求めて競争する」、compete with other students「他の生徒と競う」（相手を表す with）

234

latter [lǽtər]

former **形** 前の **名** 前者

形 後半の **名** 後者

late「遅い」は、「順序が遅い」の意味なら、late – latter – last と変化／latter は「順序がより後の」→「後半の」と覚えよう。

235

hire [háɪər]

動 (有料で) 借りる・雇う

「雇う」の意味が有名だが、本来「有料で借りる」という意味で、「人を有料で借りる」→「雇う」／「(車などを) 有料で借りる」にも使える。

236

remind [rimáind]

reminder 名 思い出させるもの

動 思い出させる

「再び (re) 頭に (mind) 持ってくる」→「思い出させる」／remind 囚 of ～、remind 囚 that ～、remind 囚 to ～ の 3 つの形を取る。

237

reduce [rid(j)ú:s]

reduction 名 削減

動 減らす

環境問題で必須単語／「3R (Reduce・Reuse・Recycle)」が有名(英語では "The 3 R's ／The 3 Rs" と s がつく)。

238

reduction [ridʌ́kʃən]

reduce 動 減らす

名 減少

動詞 reduce は「後ろへ (re) 引く・導く (duce)」→「減らす」で、名詞 reduction は「production (生産) を reduction する」と覚えよう。

239

diagram
[dáiəgræm]

名 図表

「電車のダイヤが乱れる」で使われる「ダイヤ」は diagram のことで、「ダイヤ・時刻表」→「表・図表」と覚えよう。

240

broad [brɔ́:d]

形 広い

「ブローーード」と発音することで「広いイメージ」を持ち、かつ発音問題にも対処可能(原則 "oa" は「オウ」だが(boat は「ボウト」)、broad は例外で「ブロード」と伸ばす)。

241 ■ ■ ■ ■ ■ ■

crew [krú:]

名 乗組員・乗務員

ファストフード店に「クルー募集」とあれば「アルバイト募集」のことで、「チーム・仲間」という意味だが、本来は船などの乗組員を指す。

242 ■ ■ ■ ■ ■ ■

educate [édʒukèit]

education **名 教育・教養**

動 教育する

「外に (ex) に能力を導く (ducate)」→「力を引き出す」→「教育する」／educate their children「彼らの子どもを教育する」は大阪教育大で出た。

243 ■ ■ ■ ■ ■ ■

necessarily
[nèsəsérəli]

necessary **形 必要な**

副 必ず

necessary「必要な」の副詞形が necessarily／「必要なときは必ず」と覚えよう／not necessarily「必ずしも〜ない」という部分否定になる。

244 ■ ■ ■ ■ ■ ■

guided [gáidid]

形 ガイド付きの

動詞 guide「ガイドする」の過去分詞で、「ガイドされる」→「ガイド付きの」／海外旅行の現地ツアーで使われる単語／a guided tour「ガイド付きツアー」

245 ■ ■ ■ ■ ■ ■

organizer [ɔ́:rgənàizər]

名 主催者

「イベントなどを組織する (organize) 人 (er)」／「イベントの主催者」を「オーガナイザー」と言うことがある。

246

arrange [əréɪndʒ]

動 きちんと並べる・取り決める

「アレンジ」と聞くと「変化を加える」印象があるが、それは一旦忘れよう／核心は「きちんと並べる・整える」→「(きちんと) 取り決める」

arrangement 名 整理

247

pill [píl]

名 錠剤

本来「小さいもの (「ピル」というかわいい響き)」→「丸薬・錠剤」／take a pill「薬を飲む」

248

regularly [régjələrli]

副 定期的に・規則正しく

形容詞 regular の「規則正しい」というイメージをしっかり押さえるのが大事／check my blood pressure regularly「定期的に血圧を測る」(レギュラーに測るイメージ)

regular 形 規則正しい・定期的な

249

steady [stédi]

形 安定した

良く言うと「ブレない堅さ」、悪く言うと「倦怠期」みたいなイメージ／make steady progress「着実に進歩する」

steadily 副 しっかりと

250

anytime [énitàɪm]

副 いつでも

any は「どんな〜でも」の意味が基本で、「どんな (any) とき (time) でも」→「いつでも」／世界展開している「エニタイムフィットネス」は 24 時間いつでも使えるジム。

251

discrimination
[dìskrìmənéiʃən]

名 差別

dis は「分離」を表し、「自分たちと分離しようとする姿勢」→「差別」と考えよう／racial discrimination「人種差別」

252

waste [wéist]

名 廃棄物・無駄
動 無駄にする

waste your money on what you don't need「不要なものにお金を無駄に使う」（waste O on ～「～に O を無駄に使う」）

253

vivid [vívid]

形 いきいきとした・鮮やかな

vivid「生きている (viv=live) ような」→「いきいきとした」と考えよう／vivid color「鮮やかな色 (コントラストが強い、ハッキリした色)」

254

suppose [səpóuz]

動 思う・仮定する 接 もし～なら

「下に (sup) 置く (pose)」→「考えを心の下に置く」→「思う」と考えよう／be supposed to ～「～することになっている」という形も大事。

255

perceive [pərsí:v]

動 知覚する・気づく

per は perfect「完全に」、ceive は receive「受け取る」で、perceive は「完全に受け取る」→「知覚する・気づく」

256

generous [dʒénərəs]

形 気前のよい

本来「性格的にいろいろなこと（特に金銭面）にゆとり・余裕がある」という意味／心が広い様子で「マジであの行為、イケメンだった」とか「神対応」みたいな感じ。

257

tend [ténd]

tendency 名 傾向

動 傾向がある

本来「伸びる」→「同じ現象が伸びて続く」→「〜する傾向がある」／tend to 〜「〜しがちだ・〜することが多い」の形でよく使う。

258

minor [máinər]

形 小さいほうの・重要でない
名 未成年

名詞「未成年」も覚えておきたい（国ごとに年齢は異なる）／No minors allowed.「未成年お断り」（掲示で使われる）

259

stimulate [stímjəlèit]

stimulating 形 刺激的な（やる気を起こさせる）

動 刺激する

「棒（sti=stick）で突く」→「（棒で突いて）刺激する」／人の心のツボを棒で突くようなイメージ。

260

preparation
[prèpəréiʃən]

prepare 動 準備する

名 準備

「準備する（prepare）こと全般」を指し、「準備・用意・支度・心の準備（心構え）」など、和訳では柔軟に考えたい（とりあえず「準備」だけを覚えれば OK）。

---

261 ■ ■ ■ ■ ■ ■

injury [índʒəri]

名 ケガ

サッカーの「インジャリータイム」は「選手が負傷したときの中断している時間」／suffer a serious injury playing soccer「サッカーをやっていて、大怪我を負う」

---

262 ■ ■ ■ ■ ■ ■

leadership [líːdərʃip]

名 指導者の地位・指導

本来「リーダー（leader）の身分・地位（ship）」→「指導・指揮」

leader 名 指導者

---

263 ■ ■ ■ ■ ■ ■

rob [ráːb]

動 奪う

RPG で「虹のローブ」のような使い方をされる robe は「衣服」で、語源が同じ rob は「衣服を剥ぎ取り奪う」→「奪う」／rob 人 of 物「人から物を奪う」の形が大事。

---

264 ■ ■ ■ ■ ■ ■

certainty [sə́ːrtnti]

名 確かさ

certain「確かな」の名詞形／with absolute certainty「絶対の確信を持って」／副詞 certainly「確かに」と勘違いしないよう注意。

certain 形 確心して・ある〜
certainly 副 確かに・（返答で）もちろん

---

265 ■ ■ ■ ■ ■ ■

adapt [ədǽpt]

動 適応させる

「〜へ向けて（ad）合ったものにする（apt）」→「別の状況に合わせる」／「電源アダプター（adapter）」とは「交流電流を、PC などの直流電流に適応させるもの」

---

266 ■ ■ ■ ■ ■ ■

maximum
[mǽksəməm]

maximize 動 最大にする

名 最大限

「マックス」とは「最大限」のことで、この maximum を短くしたもの。

267 ■ ■ ■ ■ ■ ■

evil [íːvl]

名 悪 形 悪い

evil の先頭に d をくっつけると devil「悪魔」になるのでセットで覚えよう（これを発見したとき「オレは天才」と思ったが、実は evil と devil の語源は無関係…）。

268 ■ ■ ■ ■ ■ ■

sufficient [səfíʃənt]

insufficient 形 不十分な

形 十分な

enough と同じイメージ／a sufficient amount of money「十分なお金」

269 ■ ■ ■ ■ ■ ■

structure [strʌ́ktʃər]

structural 形 構造の・組織の

名 構造・建物

「積み上げる（struct）こと（ure）」→「構造」→「建物」／よく「構造」ばかりを覚えさせられるが、「建物そのもの」の意味も重要。

270 ■ ■ ■ ■ ■ ■

fog [fáːg]

名 霧

四輪駆動の車についている黄色いランプを「フォグランプ」といい、霧の中で有効と言われている（個人的な体験ではあまり効果がない気がするが）。

271

spectator
[spékteɪtər]

名 観客

「見る (spect) 人たち」という意味/「目で見る」ことから、スポーツやショーの「観客」に使われる/spectators at a football match「サッカーの試合の観客」

272

edit [édət]

動 編集する

editorial 形 編集の 名 社説
edition 名 版

「編集者・編集ソフト」を「エディター (editor)」と呼ぶことがあるが、その動詞が edit/edit a picture on one's smartphone「スマホで写真の (画像) 編集をする」

273

eternal [ɪtə́:rnl]

形 永遠の

指輪の名前や広告に「エターナル○○」といった表現がよく使われる (eternal love「永遠の愛」)。

274

construct [kənstrʌ́kt]

動 建設する

construction 名 建設

文字通り「建物を建設する」以外に、construct a new plan「新しい計画を作り上げる」にも使える。

275

accustom [əkʌ́stəm]

動 慣れさせる

accustomed 形 慣れた

custom「習慣」から、accustom は「慣れさせる」/be accustomed to -ing「〜することに慣れさせられている」→「慣れている」

276

maintain [meintéin]

maintenance 名 維持・メンテナンス・主張

動 維持する・主張する・養う

「メンテナンス (maintenance)」は「(正常な状態を) 維持すること」で、その動詞形／「考えを維持する」→「主張する」、「家族を維持する」→「養う」

277

crash [kráʃ]

動 衝突する
名 衝突

物がぶつかる音から生まれた単語／大事なノートパソコンを落として「ガチャン」と床に衝突する音をイメージ。

278

actual [ǽktʃuəl]

形 実際の

「行動 (act) に移せるほど現実に即した」→「実際の」

279

relate [riléit]

relationship 名 関係
relation 名 関係・関連

動 関連づける

「くっつける・関連づける」イメージ／relate A to B「AとBを関係づける」の受動態 be related to ～「～と関係がある」の形が大事。

280

notify [nóutəfài]

notification 名 通知

動 通知する

notice「気づく」から、notify は「気づかせる」→「通知する」と考えよう。

281

ideology [àɪdiá:lədʒi]

名 イデオロギー・思想傾向

「アイディア・観念 (ideo) の学問 (logy)」で、「ある集団におけるものの考え方」

282

fee [fíː]

名 報酬・授業料・公共料金・手数料

本来「専門職・公共団体への支払い」／additional fee「追加料金」、late fee「延滞料」

283

awake [əwéɪk]

形 目覚めている

asleep「眠っている」の反対／Are you awake?「起きてる?」

284

sponsor [spáːnsər]

名 スポンサー
動 スポンサーをつとめる

「テレビのスポンサー」は「提供者 (資金を出す組織)」／a sponsor of a football team「サッカーチームのスポンサー」

285

mad [mæd]

形 怒って・狂って

「気が狂って」の意味が広まっているが、本来「通常の気分と違った」で、日常なら「怒り狂って・怒って」で使われることが圧倒的に多い／get mad「怒る」

286

thin [θín]

形 細い・薄い

プラモデルを塗るときに使う「シンナー
(thinner)」は「塗料を薄めるもの」/「体格
が薄い」→「痩せている」

287

versus [vɜ́ːrsəs]

前 ～対…

スポーツ・ゲームでおなじみの "vs." は
versus のこと/最近の入試でよく使われる
のが、nature versus nurture「生まれか育
ちか」

288

genre [ʒáːnrə]

名 ジャンル

「どのジャンルの音楽が好き?」といった文
で意味は簡単なので、とにかく genre とい
うつづりに反応できるようにしておくこと(フ
ランス語なので読みにくい)。

289

bear [béər]

動 持つ・耐える・産む 名 熊

「熊」は簡単なので置いといて、bear の核
心は「重荷を抱える」→「持つ・耐える」、
さらに「子どもを抱える」→「産む」/変化
は bear – bore – born

290

foresee [fɔːrsíː]

動 予知する

「前もって (fore) ものを見る (see)」→「予
知する」/fore は「前」で、サッカーのフォ
ワード (forward) のイメージで。

291

additionally
[ədíʃənli]

addition 名 追加

additional 形 追加の

副 加えて

動詞 add「加える」→名詞 addition →形容詞 additional → 副詞 additionally (= in addition)

292

superior
[su(:)píəriər]

形 より優れた

super に注目すれば意味はとれるはず／be better than ～ を硬くしたのが be superior to ～「～より優れている」

293

inferior [ɪnfíəriər]

形 より劣った

be inferior to ～「～より劣っている」の形が重要（「～より」には than ではなく to を使うのがポイント）。

294

interpret
[ɪntə́:rprət]

interpreter 名 通訳者

動 通訳する・解釈する

「間に (inter) 入る」→「通訳する」→「解釈する」／なぜか「通訳する」ばかり取り上げられるが、「解釈する」も非常に多い（「通訳する」は translate がよく使われる）

295

column [ká:ləm]

名 柱・コラム

「新聞・雑誌のコラム」は本来「柱」という意味で、「新聞の中で柱のように細長い部分に書かれた記事」から。

296

fund [fʌ́nd]

名 資金
動 資金を提供する

「クラウドファンディング (crowdfunding)」
は、crowd「群衆」と funding「資金提供」
を組み合わせた造語。

297

value [vǽlju:]

valuable 形 貴重な・価値のある

名 価値

店で「バリュー価格」などいろいろな使い方
をされるが、「値段に対して価値が高い商
品」のこと。

298

toll [tóul]

名 通行料金・通話料・死傷者数

日本の高速道路の料金所に、TOLL GATE
と書かれているので、「料金所を toll(通る)」
というオヤジギャグで覚える。

299

plenty [plénti]

名 たくさん

plenty of ～「たくさんの～」という形でよ
く使われる／a lot of ～ = lots of ～ =
plenty of ～

300

architecture
[ɑ́:rkətèktʃər]

名 建築

「アーチ (橋) を架けるテク (ニック)」→「建
築」と覚えよう。

301

directly [diréktli]

direction 名 方向・指示
direct 動 指図する 形 直接の

副 直接に

「ダイレクトな表現」は遠回しな言い方をせず「直接的に言うこと」

302

region [rí:dʒən]

名 地域

Kanto region「関東地方」は英語の天気予報でも使われる。

303

determine [dɪtə́:rmən]

determined 形 強い決意を持った

動 決心する・決心させる

人 is determined to ～「～する決心をさせられている」→「～することを決心している」

304

possibility
[pà:səbíləti]

possible 形 ありうる・可能な

名 可能性

形容詞 possible「ありうる」の名詞形／
There is a possibility that ～「～という可能性がある」

305

warn [wɔ́:rn]

warning 名 警告

動 警告する

名詞の warning「警告」が有名で、DVD を再生すると、最初に著作権に関する「警告（WARNING）」と出てくる／warn 人 not to ～「～しないように警告する」が重要。

🔊 TRACK 31 [301-310]

306 ■■■■■■

layer [léɪər]

名 層

本来「置く (lay) 人や物 (er)」で、「少しず
つ置いていって層になった」イメージ／
dress in layers「重ね着する」／the ozone
layer「オゾン層」

307 ■■■■■■

illustration
[ìləstréɪʃən]

illustrate 動 説明する

名 説明・例

「イラスト」とは本来わかりやすく説明する
ためのもので、「イラストを使って例を出し
て説明する」と覚えよう。

308 ■■■■■■

preserve [prɪzə́:rv]

preservation 名 保存・保護

動 保存する・保護する

「プリザーブド・フラワー」は「咲いた状態で
保存される花」／preserve the natural
environment「自然環境を保護する」

309 ■■■■■■

paragraph
[pérəgræf]

名 パラグラフ・段落

英語の長文で「パラグラフ」と言えば「段落」
のこと／この単語を知らないと入試の設問
(英語で書かれた問) がわからなくなる。

310 ■■■■■■

surgeon [sə́:rdʒən]

surgery 名 外科 (手術)
surgical 形 外科の

名 外科医

「医者」は doctor や physician (p.104 の 333)
が一般的だが、「外科医」と言いたいときは
surgeon／包帯をとめる半透明のテープを
「サージカルテープ」と言う (形容詞 surgical)。

311

consume [kəns(j)úːm]

consumption 名 消費

動 消費する

本来「ものすごく食べる」→「消費する」／
コン「スゥー」ムと「吸い込む」イメージ／
consume a lot of energy「エネルギーをた
くさん消費する」

312

tribe [tráɪb]

名 部族

古代ローマは3つ (tri) の部族 (ラテン人・サ
ビニ人・エトルリア人) から構成されていたこ
とから、そのまま「部族」となった (tri は
triangle「三角形」などで使われる)。

313

likely [láɪkli]

likelihood 名 可能性

形 ありそうな 副 たぶん・おそらく

前置詞 like「〜のような」→「〜するような」
→「〜しそうな」／be likely to 〜「〜しそ
うだ」の形が重要／「好き」の like とは語
源が全然違う。

314

scarcely [skéərsli]

副 ほとんど〜ない

「スケアース」という、なんだかスカスカの
感じから「ほとんど〜ない」と考えよう
(hardly と同じ意味)。

315

equally [íːkwəli]

equal 形 等しい・平等な

副 平等に

形容詞 equal に ly がついて副詞になった
／share the work equally「作業を均等に割
り当てる」

🔊 TRACK32 [311-320]

316

tension [ténʃən]

名 緊張

日本語「テンションが高い」は忘れよう／本来「張り詰めた状態」→「人の心が張り詰めた」→「緊張」が正しい。

317

bathe [béɪð]

動 入浴する

名詞 bath「入浴」の動詞形／発音「ベイズ」にも注意／今日お風呂に入るときにずっと bathe と言っていれば必ず覚えられる／発展で「浸す・浴びる」でも使われる。

bath 名 入浴

318

unless [ənlés]

接 ～しない限り

unless=if ～ not「もし～しなければ」と習うはず。それも悪くないが、「～しない限り（原則的に…だ）」と覚えたほうが長文問題で役立つ。

319

laughter [lǽftər]

名 笑い

最近の長文問題で「笑いの効能（長生きに良い、など）」がよく出る（study laughter seriously「真面目に笑い（の効能）を研究する」は徳島文理大の英文から）。

laugh 動 笑う

320

bay [béɪ]

名 湾

横浜や神戸などの港町のお店や建物には「ベイ」という言葉が溢れている（一番有名なのが「横浜ベイブリッジ」）。

ZONE 2

| 1 | 2 | 3 | 4 | 5 | 6 |

321

religion [rɪlídʒən]

religious 形 宗教的な

名 宗教

Shinto and Buddhism are the most popular religions in Japan.「神道と仏教は日本で最も一般的な宗教です」は日本紹介でそのまま使える。

322

unknown [ʌnnóun]

形 知られていない

「知られて (known) いない (un)」で、「世間に知られていない」なら「無名の」、「人類に知られていない」なら「未知の」

323

appeal [əpíːl]

動 訴える 名 訴え・魅力

「自己アピール」は「自分の長所を相手の心に訴えること」／日本語「訴える」と同じく、「心に訴える」「裁判所に訴える」両方に使える。

324

absolutely
[æbsəlùːtli]

副 完全に・その通りだ・ぜひ

本来「完全に」で、そこから質問・依頼への返事として、Absolutely.「(完全に) その通りだ・ぜひ」の意味でよく使われる (Yes の強調と考えれば OK)。

325

position [pəzíʃən]

名 位置・地位 動 置く

スポーツ以外でも、社会的な立場など様々な「位置」に使える／the position of vice president「副社長の地位」(vice「副」は難しいがセットで覚えよう)

326

argue [ɑ́ːrgjuː]

argument 名 議論・口論

動 議論する・口論する・主張する

「声を張り上げる」イメージ。「口喧嘩する」にも使える。

327

resemble [rɪzémbl]

動 似ている

resemble 人 の形で使う（似ている人の名前を入れて覚えよう）。他動詞なので直後に人がくる（前置詞不要）／原則「進行形にしない動詞」としても重要。

328

skeleton [skélətən]

名 骨格・骨組み

時計などの「スケルトン」は「時計の仕組みとなる骨格」が「透ける」と、言葉遊び的に使われているのかも。

329

poll [póul]

名 世論調査・投票

本来「世の中の意見」→「世論調査」→「(世の意見を表明する) 投票」／入試では「世論調査」の意味でよく使われる。

330

informal [ɪnfɔ́ːrml]

formal 形 公式の・形式的な

形 形式ばらない

formal「公式の」という単語に否定の in がついた形／in informal clothes「普段着で」

331

phrase [fréɪz]

名 フレーズ・表現

英語の勉強でもよく出てくる「フレーズ」は「句（単語の集まり）・言い回し・熟語・表現」で、「意味を持ったカタマリ」くらいに考えればOK

332

divorce [dɪvɔ́:rs]

名 離婚

本来「（進むべき）方向を変える」(divert「転換する」という単語と同じ語源)／divorce rate「離婚率」

333

physician [fɪzíʃən]

名 医師

「体 (physic) に携わる人 (ian)」→「医師（特に内科医）」(-ian は magician「マジシャン」などでも使われている)

334

document
[dá:kjəmənt]

documentary **名 記録作品**

名 書類・文書 動 記録する

本来「何かを教えてくれるもの」→「文書・書類」／パソコンで「ドキュメント」とは「文書」を指す／documentary「ドキュメンタリー」は「記録した作品」

335

navigate [nǽvəgèɪt]

navigation **名 ナビゲーション**

動 航行する・進路を示す

本来「船 (navi) を操縦する」(ちなみに navy は「海軍」で p.65 の 190 参照)だが、もはや「カーナビ (car navigation)」から覚えれば楽／船以外に車・飛行機などにも使う。

336

client [kláıənt]

名 (弁護士などの) 依頼人・相談者

日本語で取引先のことを「クライアント」と言うが、厳密には「サービス・専門知識などを求める客」→「依頼人・相談者」

337

beard [bíərd]

名 あごひげ

若いときにひげをそらなかったときがあって、山手線の中で見知らぬ綺麗なマダムに「あなたのその beard、素敵ね」と突然言われたことがあります。

338

confidence [ká:nfədəns]

名 自信・信頼・秘密

「コンフィデンスマン」は相手を信頼させてだます「詐欺師」のこと。confidence 自体は「信頼」

339

aware [əwéər]

awareness 名 自覚・認識

形 気づいている

aware の ware は「用心して」という意味で、warn「警告する」(p.98 の 305 参照) と同じ語源／be aware of ～「～に気がついている」が大事。

340

motive [móutıv]

motivate 動 やる気にさせる
motivation 名 モチベーション（やる気）・動機づけ

名 動機・目的

「何かをする理由・目的」のこと／the motive for the murder「殺人の動機」のように、ネガティブな意味合いでもよく使われる。

341

inner [ínər]

形 内側の・心の

服の「インナー」でおなじみだが、受験生は形容詞で「内側の・内部の」というイメージを忘れずに／「人間の内側」→「心の」

342

multiple [mʌ́ltəpl]

形 多数の

double「二重の」→ triple「三重の」… multiple「多数の」とイメージしよう／multiple answers allowed「複数回答可」(アンケートなどで使われる)

343

lean [líːn]

動 寄りかかる

本来「傾く」という意味／空港などの壁に Do not lean.「寄りかかるな」といった表示がある。

344

regret [rɪgrét]

動 後悔する 名 後悔

regretful 形 後悔している
regrettable 形 後悔させる・残念な

「再び (re) 泣く・悲しむ (gret)」→「(くよくよ)後悔する」／単語は絶対に regret しないように。

345

examination
[ɪgzæ̀mənéiʃən]

名 試験・検査

an entrance examination「入学試験」／「試験」の意味が有名だが、本来「調べるもの」で、a dental examination「歯科検診」などにも使える。

346

tax [tǽks]

名 税金 動 課税する

値段の表示で tax included「税込み」とよく見かける／tax-free「免税の」は空港内の店で見かける。

347

concept [kά:nsept]

名 概念・コンセプト

「コンセプト」は「概念・考え」という意味／the basic concepts of economics「経済学の基礎概念」

348

terminal [tə́:rmənl]

形 終点の 名 終点

「ターミナル駅」とか「成田空港第一ターミナル」とは聞くものの、イマイチ意味がピンとこなかったかもしれないが、本来は「終点」という意味。

349

container [kəntéinər]

名 容器

貨物輸送に使われる「コンテナ」は container「大型の容器」（発音は「コンテイナァ」）／動詞 contain「含む」に er がついて「含むもの」→「容器」

contain 動 含む

350

failure [féiljər]

名 失敗

avoid failure「失敗を避ける」

fail 動 失敗する

351 ■■■■■■

patience [péiʃəns]

patient 形 我慢強い 名 患者

名 我慢・根気

Thank you for your patience.「あなたの我慢に感謝」→「ご寛容に感謝いたします」は、お店・施設の工事などで迷惑をかけた客に対して使われる。

352 ■■■■■■

shift [ʃíft]

名 変化・(勤務の)交替・勤務時間 動 移動する

「A→Bへの変化」のこと/「働く時間帯の変化」→「交替」→「交替制の勤務」→「勤務時間」などの意味もある。

353 ■■■■■■

non-governmental
[nà:ngʌ̀vərnméntl]

形 政府が関係しない・民間の

ニュースでよく聞く「NGO」は non-governmental organization「非政府組織」

354 ■■■■■■

domestic [dəméstɪk]

形 家庭の・国内の

「東京ドーム」の dome は本来「家」の意味/home と同じ感覚（home にも「家庭の・国内の」という2つの意味があるので）。

355 ■■■■■■

respond [rɪspá:nd]

response 名 応答
responsive 形 すぐ[よく]反応する

動 反応する・答える

名詞 response「返答」の動詞形/respond to ～「～に返答する」の形でよく使われる/respond to the question「その質問に答える」

356 ■■■■■■

bend [bénd]

動 曲げる

bind「縛る」(p.44 の 082 を参照)と同じ語源で、「紐で縛って曲げる」→「曲げる」／変化は bend – bent – bent

357 ■■■■■■

fluently [flúːəntli]

副 流暢に

fluent 形 流暢な
fluency 名 流暢さ

「流れる (flu=flow) ように」→「流暢に」／flu「インフルエンザ」は「人体に流れるように入ってくるウイルス」のこと。

358 ■■■■■■

relative [rélətɪv]

形 相対的な・関連した
名 親戚

relatively 副 比較的

本来「関係づける (relate) 性質 (ive)」→「相対的な」／「血縁的に関連した人」→「親戚」

359 ■■■■■■

rely [rɪláɪ]

動 頼る

rely on 〜「〜に頼る・依存する」の形が重要 (on は「上に乗っておんぶにだっこで依存する」イメージ)。

360 ■■■■■■

being [bíːɪŋ]

名 存在・生き物・be の -ing

be 動詞の「存在する」という意味から、being で「存在」、さらに「存在しているもの」→「生き物」／come into being「存在に入る」→「出現する」

361 ■ ■ ■ ■ ■ ■

vary [véəri]

various 形 様々な
variety 名 多様性・変化

動 変化する・異なる

「バラエティー (variety) を持つ」→「変化する・異なる」／ vary from person to person「人によって異なる」

362 ■ ■ ■ ■ ■ ■

vehicle [víːəkl]

名 乗り物・伝達手段・媒体

車を中心に乗り物全般を指せる／ self-driving vehicle「自動運転車」

363 ■ ■ ■ ■ ■ ■

Buddhism [búːdɪzm]

名 仏教

「ブッダ (Buddha) の教え (ism)」→「仏教」(-ism は「主義・信仰」)

364 ■ ■ ■ ■ ■ ■

tight [táɪt]

形 (服が)きつい・(予定が)詰まった

「ギチっと詰まった」イメージ／「タイトなスケジュール (a tight schedule)」は「きつく詰まった予定」

365 ■ ■ ■ ■ ■ ■

chief [tʃíːf]

形 主要な・第一の

「チーフ」という役職は「主要な役職・リーダー (第一の人)」のこと／ tell my friend of my chief concern「私の一番の悩みについて友達に話す」

366

coal [kóul]

名 石炭

環境の話などで、oil「石油」、gas「ガス」などと一緒に使われることが多い。

367

examine [ɪgzǽmən]

動 調べる・診察する

examination「試験」は「学力を調べるもの」で、その動詞が examine です。exact「正確な」と語頭が同じで「正確に測って調べる」ということ。

368

anger [ǽŋgər]

angry **形** 怒っている

名 怒り

「アンガー・マネジメント」は「自分の怒り(anger)を管理すること(management)」／control my anger「怒りを抑える」

369

personality
[pə̀:rsənǽləti]

personal **形** 個人の

名 個性・性格

「性格判断テスト」などに「パーソナリティ」という言葉が使われることがある／a double personality「二重人格」

370

angle [ǽŋgl]

名 角度

「カメラのアングル」は「撮影するときの角度」／from different angles「違った角度から」

371

mechanic
[məkǽnɪk]

名 修理工

「機械」ではなく、「修理工」という「人」を表す（「メカを扱う人」と覚えよう）。

mechanical 形 機械の・機械的な

372

soul [sóul]

名 魂・精神・人

日本語でも「魂・精神」をそのまま「ソウル」と使われることがある／「魂を持った存在」→「人」／with all one's soul「全身全霊で」

373

proudly [práudli]

副 誇らしげに・自慢げに

「ドヤ顔で」くらいのイメージ／walk proudly to the stage to receive the trophy「トロフィーを受け取るため誇らしげにステージへ歩く」

proud 形 誇らしげな・自慢げな
pride 名 誇り・うぬぼれ

374

routine [ru:tí:n]

名 決まり切った仕事

「モーニングルーティーン」で一気に有名になった言葉／route「ルート」と関連があり、「いつもの道 (route)」→「日課・決まりきった仕事」

375

entire [ɪntáɪər]

形 全体の

「少しも欠けることなく全部」というイメージ／for the entire human race「全人類のために」は都立大で出題。

entirely 副 完全に

376

feedback
[fí:dbæk]

名 意見・感想

「有用な意見や感想を相手に戻して (back) 与える (feed)」→「反応・感想・意見」／feedback on ～「～に関する感想」(on は「意識の接触」)

377

tornado
[tɔːrnéɪdou]

名 竜巻 (トルネード)

海外のニュースでよく使われる／元メジャーリーガー野茂英雄さんの「トルネード投法」を動画検索で見てほしい (体をねじって投げるフォームを「竜巻」にたとえた)。

378

dining [dáɪnɪŋ]

名 食事

動詞 dine「食事する」が -ing になったもの (動名詞)／a dining car「食堂車」や a dining room「食堂」は海外旅行で見かける。

379

basis [béɪsɪs]

名 基準・根拠

「ベースになるもの」というイメージで、「基礎・基準・根拠」などの意味／on a monthly basis「毎月という基準で」→「月1ペースで」

380

therapy [θérəpi]

名 治療

「アロマセラピー (aromatherapy)」とは「香り (aroma) での治療 (therapy)」／「アロマテラピー」と言われることもあるが、本来のギリシャ語読みが「アロマテラピー」

381

detail [díːteɪl/dɪtéɪl]

名 詳細 **動** 詳しく述べる

「ディテール」とは「細かいこと・詳細」（発音は「ディーテル・ディテイル」）／tail「しっぽ」には「小さなもの」というイメージがあり、「小さくしたもの」→「詳細・細部」となった。

382

confident [káːnfədənt]

形 自信がある

be confident about the election results「選挙結果に自信を持っている」

383

sweat [swét]

名 汗 **動** 汗をかく

冬に着る「セーター (sweater)」は本来「汗を出すもの」／「スエット生地」は吸汗性に優れた生地。

384

refuse [rɪfjúːz]

動 拒む

「再び (re) 注ぐ (fuse)」で、相手から来た誘いをつき返す（再び戻す）イメージ／refuse his invitation「彼の誘いを断る」

385

frankly [frǽŋkli]

frank **形** 率直な

副 率直に

frankly speaking「率直に言えば」という熟語が大事／Frankly speaking, I don't like him.「ぶっちゃけアイツが嫌い」のように、マイナスで多用される。

386

impact [ímpækt]

名 影響

本来「衝突した」イメージで「強い影響」のこと／have an impact on ～「～に影響を与える」の形が重要。

387

tip [típ]

名 チップ・助言・先端

本来「もらってちょっと嬉しいもの」で、「お金」をもらえば「チップ」、「言葉」をもらえば「助言」／これとは別語源の「先端」はtop「頂上」と関連あり。

388

conscious [ká:nʃəs]

形 意識している・気づいている

conscious の sci は「知っている」という意味（science「科学」と同じ語源）で、「よく知っている」→「意識している」

389

warmth [wɔ́:rmθ]

名 暖かさ

bodily warmth「体のぬくもり」

warm 形 暖かい 動 暖める

390

occasion [əkéiʒən]

名 時・場合・機会

「TPO」は、Time「時間」・Place「場所」・Occasion「場合」のこと／on occasion「いくつかの場合」→「時々」という熟語も重要。

occasional 形 時々の
occasionally 副 時々

115

---

391 ■ ■ ■ ■ ■ ■

duty [d(j)úːti]

名 義務・職務・関税

本来「義務」で、「仕事の義務」→「職務」、「義務として支払うもの」→「関税」／on duty「勤務中」（「～中（行為の接触）」を表す on）

---

392 ■ ■ ■ ■ ■ ■

elect [ɪlékt]

動 選ぶ

選挙で人を「選ぶ」ときに使われる／select-elect とセットで覚えれば OK（どちらも「選ぶ」）

---

393 ■ ■ ■ ■ ■ ■

extreme [ɪkstríːm]

形 極端な

「普通の状態のずっと外（ex）」→「極端な」と考えよう／with extreme caution「細心の注意を払って」

---

394 ■ ■ ■ ■ ■ ■

decade [dékeɪd]

名 10年

dec「10」は deciliter「デシリットル（10分の1リットル）」や、decathlon「（陸上の）十種競技」で使われている。

---

395 ■ ■ ■ ■ ■ ■

otherwise
[ʌðərwàɪz]

副 さもなければ・その他の点では・違った風に

3つの意味が大事／有名な「さもなければ」以外は、「他の（other）方法・点で（wise=way）」→「その他の点では・違った風に」

🔊 **TRACK40** [391-400]

---

396 ■ ■ ■ ■ ■ ■

depart [dɪpáːrt]

departure 名 出発

動 出発する

「離れて（de）パートごとに分かれる（part）」
→「（その場から）離れる・出発する」

---

397 ■ ■ ■ ■ ■ ■

ray [réɪ]

名 光線

「レイ光線」とかありそうなので、そんな感
じで覚えるか、真面目に、ultraviolet rays
「紫外線」、X-rays「エックス線（レントゲン）」
で。

---

398 ■ ■ ■ ■ ■ ■

rhythm [ríðm]

名 リズム

読めさえすれば意味は簡単なはず（rhy は
「リ」、th は「ズ」、m は「ム」）／dance to the
rhythm「リズムに合わせて踊る」（to は「方
向・到達」→「一致」）

---

399 ■ ■ ■ ■ ■ ■

threaten [θrétn]

threat 名 脅威

動 脅かす

「脅迫（threat）を中にこめる（en）」→「脅す・
脅かす」／入試では「脅迫する」よりも「健
康・環境を脅かす」の意味で出ることが多
い。

---

400 ■ ■ ■ ■ ■ ■

signal [sígnl]

名 合図 動 合図をする

sign「合図」に注目する／「合図を送る」こ
とを「シグナルを送る」と言うことがある／
a traffic signal「交通上、人に合図を送る
もの」→「信号機」

117

次の(1)〜(5)の単語の意味を、①〜⑤から選びなさい。

1 (1) respond (2) concept (3) illustration (4) proper (5) personality

① 説明・例　② 概念・コンセプト　③ 反応する・答える　④ 適切な　⑤ 個性・性格

A (1)③ (2)② (3)① (4)④ (5)⑤

2 (1) interpret (2) complete (3) confident (4) possibility (5) Buddhism

① 仏教　② 可能性　③ 完全な／完成させる・記入する　④ 通訳する・解釈する
⑤ 自信がある

A (1)④ (2)③ (3)⑤ (4)② (5)①

3 (1) coupon (2) equally (3) tension (4) consume (5) conscious

① 消費する　② 意識している・気づいている　③ 緊張　④ 割引券・クーポン
⑤ 平等に

A (1)④ (2)⑤ (3)③ (4)① (5)②

4 (1) document (2) beard (3) compete (4) fluently (5) employ

① 書類・文書／記録する　② 流暢に　③ あごひげ　④ 競争する　⑤ 雇う

A (1)① (2)③ (3)④ (4)② (5)⑤

5 (1) container (2) quantity (3) scarcely (4) protein (5) architecture

① たんぱく質　② ほとんど〜ない　③ 建築　④ 容器　⑤ 量

A (1)④ (2)⑤ (3)② (4)① (5)③

6
(1) **tornado**　(2) **argue**　(3) **structure**　(4) **impact**
(5) **appeal**

① 訴える／訴え・魅力　② 竜巻(トルネード)　③ 影響　④ 議論する・口論する・主張する
⑤ 構造・建物

A　(1) ②　(2) ④　(3) ⑤　(4) ③　(5) ①

7
(1) **dining**　(2) **threaten**　(3) **fully**　(4) **aware**
(5) **evil**

① 十分に　② 悪／悪い　③ 脅かす　④ 気づいている　⑤ 食事

A　(1) ⑤　(2) ③　(3) ①　(4) ④　(5) ②

8
(1) **directly**　(2) **success**　(3) **warmth**　(4) **rely**
(5) **maximum**

① 暖かさ　② 最大限　③ 頼る　④ 直接に　⑤ 成功

A　(1) ④　(2) ⑤　(3) ①　(4) ③　(5) ②

9
(1) **multiple**　(2) **absolutely**　(3) **inconvenience**
(4) **phrase**　(5) **advance**

① フレーズ・表現　② 完全に・その通りだ・ぜひ　③ 進む・進める／進行　④ 多数の
⑤ 不便

A　(1) ④　(2) ②　(3) ⑤　(4) ①　(5) ③

10
(1) **edit**　(2) **flour**　(3) **unless**　(4) **tip**
(5) **suppose**

① 編集する　② 小麦粉　③ 思う・仮定する／もし〜なら　④ チップ・助言・先端
⑤ 〜しない限り

A　(1) ①　(2) ②　(3) ⑤　(4) ④　(5) ③

次の(1)～(5)の単語の意味を、① ～ ⑤ から選びなさい。

11

(1) **navigate**　(2) **ray**　(3) **employer**　(4) **eternal**
(5) **region**

① 航行する・進路を示す　② 永遠の　③ 光線　④ 地域　⑤ 雇用者

A　(1) ①　(2) ③　(3) ⑤　(4) ②　(5) ④

12

(1) **poll**　(2) **mad**　(3) **fund**　(4) **bear**
(5) **remind**

① 資金／資金を提供する　② 持つ・耐える・産む／熊　③ 怒って・狂って
④ 思い出させる　⑤ 世論調査・投票

A　(1) ⑤　(2) ③　(3) ①　(4) ②　(5) ④

13

(1) **inferior**　(2) **injury**　(3) **lay**　(4) **sweat**
(5) **preparation**

① ケガ　② より劣った　③ 汗／汗をかく　④ 置く・横にする　⑤ 準備

A　(1) ②　(2) ①　(3) ④　(4) ③　(5) ⑤

14

(1) **vehicle**　(2) **warn**　(3) **ideology**　(4) **leadership**
(5) **hospitality**

① 指導者の地位・指導　② イデオロギー・思想傾向　③ 乗り物・伝達手段・媒体
④ 警告する　⑤ おもてなし

A　(1) ③　(2) ④　(3) ②　(4) ①　(5) ⑤

15

(1) **confidence**　(2) **puppy**　(3) **sufficient**　(4) **angle**
(5) **religion**

① 十分な　② 角度　③ 子犬　④ 自信・信頼・秘密　⑤ 宗教

A　(1) ④　(2) ③　(3) ①　(4) ②　(5) ⑤

Set 1 / Set 2 / Set 3 / Set 4 / Set 5 / Set 6

16 (1) **relative** (2) **routine** (3) **perceive** (4) **moving**
(5) **occur**

① 感動的な ② 決まり切った仕事 ③ 相対的な・関連した／親戚
④ 起こる・(考えが)心に浮かぶ ⑤ 知覚する・気づく

──────── A (1) ③ (2) ② (3) ⑤ (4) ① (5) ④

17 (1) **economy** (2) **reduction** (3) **basis** (4) **broad**
(5) **tax**

① 減少 ② 基準・根拠 ③ 広い ④ 経済・節約 ⑤ 税金／課税する

──────── A (1) ④ (2) ① (3) ② (4) ③ (5) ⑤

18 (1) **shift** (2) **currently** (3) **patience** (4) **stimulate**
(5) **minor**

① 現在(のところ) ② 我慢・根気 ③ 変化・(勤務の)交替・勤務時間／移動する
④ 刺激する ⑤ 小さいほうの・重要でない／未成年

──────── A (1) ③ (2) ① (3) ② (4) ④ (5) ⑤

19 (1) **laughter** (2) **imitate** (3) **additionally** (4) **being**
(5) **duty**

① まねる ② 加えて ③ 義務・職務・関税 ④ 笑い ⑤ 存在・生き物・beの-ing

──────── A (1) ④ (2) ① (3) ② (4) ⑤ (5) ③

20 (1) **superior** (2) **proudly** (3) **diagram** (4) **highly**
(5) **position**

① より優れた ② 位置・地位／置く ③ 誇らしげに・自慢気に ④ 図表
⑤ 非常に・大いに

──────── A (1) ① (2) ③ (3) ④ (4) ⑤ (5) ②

次の(1)～(5)の単語の意味を、①～⑤から選びなさい。

21

(1) **relate** (2) **value** (3) **versus** (4) **certainty**
(5) **lean**

① 価値 ② 確かさ ③ 関連づける ④ 寄りかかる ⑤ ～対…

A (1) ③ (2) ① (3) ⑤ (4) ② (5) ④

22

(1) **informal** (2) **device** (3) **philosophy** (4) **failure**
(5) **tight**

① (服が)きつい・(予定が)詰まった ② 形式ばらない ③ 失敗 ④ 装置
⑤ 哲学

A (1) ② (2) ④ (3) ⑤ (4) ③ (5) ①

23

(1) **non-governmental** (2) **client** (3) **latter**
(4) **bathe** (5) **sponsor**

① 入浴する ② 政府が関係しない・民間の ③ 後半の／後者
④ スポンサー／スポンサーをつとめる ⑤ (弁護士などの)依頼人・相談者

A (1) ② (2) ⑤ (3) ③ (4) ① (5) ④

24

(1) **thin** (2) **signal** (3) **disturb** (4) **decade**
(5) **layer**

① 10年 ② 合図／合図をする ③ 細い・薄い ④ 邪魔する ⑤ 層

A (1) ③ (2) ② (3) ④ (4) ① (5) ⑤

25

(1) **vary** (2) **determine** (3) **vaccine** (4) **physician**
(5) **examine**

① 変化する・異なる ② 決心する・決心させる ③ ワクチン ④ 医師
⑤ 調べる・診察する

A (1) ① (2) ② (3) ③ (4) ④ (5) ⑤

26
(1) **examination**   (2) **divorce**   (3) **awake**   (4) **bend**
(5) **genre**

① 離婚   ② 試験・検査   ③ 曲げる   ④ 目覚めている   ⑤ ジャンル

A   (1) ②   (2) ①   (3) ④   (4) ③   (5) ⑤

27
(1) **pill**   (2) **plenty**   (3) **spectator**   (4) **tend**
(5) **discrimination**

① たくさん   ② 錠剤   ③ 観客   ④ 傾向がある   ⑤ 差別

A   (1) ②   (2) ①   (3) ③   (4) ④   (5) ⑤

28
(1) **necessarily**   (2) **familiar**   (3) **entire**   (4) **fee**
(5) **bore**

① よく知っている   ② 全体の   ③ 退屈させる   ④ 必ず
⑤ 報酬・授業料・公共料金・手数料

A   (1) ④   (2) ①   (3) ②   (4) ⑤   (5) ③

29
(1) **therapy**   (2) **coal**   (3) **accustom**   (4) **paragraph**
(5) **fake**

① 石炭   ② 治療   ③ 慣れさせる   ④ パラグラフ・段落   ⑤ 偽の

A   (1) ②   (2) ①   (3) ③   (4) ④   (5) ⑤

30
(1) **educate**   (2) **resemble**   (3) **occasion**   (4) **maintain**
(5) **chief**

① 時・場合・機会   ② 教育する   ③ 似ている   ④ 維持する・主張する・養う
⑤ 主要な・第一の

A   (1) ②   (2) ③   (3) ①   (4) ④   (5) ⑤

次の(1)～(5)の単語の意味を、①～⑤から選びなさい。

31 (1) likely (2) fellow (3) crash (4) steady (5) arrange

① 仲間・同僚 ② 安定した ③ 衝突する／衝突
④ ありそうな／たぶん・おそらく ⑤ きちんと並べる・取り決める

A (1) ④ (2) ① (3) ③ (4) ② (5) ⑤

32 (1) reduce (2) motive (3) feedback (4) domestic (5) fog

① 動機・目的 ② 減らす ③ 意見・感想 ④ 家庭の・国内の ⑤ 霧

A (1) ② (2) ① (3) ③ (4) ④ (5) ⑤

33 (1) anytime (2) refuse (3) terminal (4) skeleton (5) hire

① 拒む ② 終点の／終点 ③ 骨格・骨組み ④ いつでも ⑤ (有料で)借りる・雇う

A (1) ④ (2) ① (3) ② (4) ③ (5) ⑤

34 (1) otherwise (2) frankly (3) notify (4) depart (5) foresee

① さもなければ・その他の点では・違った風に ② 出発する ③ 通知する ④ 予知する
⑤ 率直に

A (1) ① (2) ⑤ (3) ③ (4) ② (5) ④

35 (1) soul (2) elect (3) checkup (4) generous (5) extreme

① 気前のよい ② 極端な ③ 検査・健康診断 ④ 魂・精神・人 ⑤ 選ぶ

A (1) ④ (2) ⑤ (3) ③ (4) ① (5) ②

36
(1) **adapt** (2) **unknown** (3) **construct** (4) **rhythm** (5) **guided**

① 適応させる　② 建設する　③ 知られていない　④ リズム　⑤ ガイド付きの

A　(1) ①　(2) ③　(3) ②　(4) ④　(5) ⑤

37
(1) **column** (2) **inner** (3) **mechanic** (4) **tribe** (5) **loyal**

① 部族　② 内側の・心の　③ 柱・コラム　④ 忠実な　⑤ 修理工

A　(1) ③　(2) ②　(3) ⑤　(4) ①　(5) ④

38
(1) **crew** (2) **detail** (3) **waste** (4) **rob** (5) **organizer**

① 主催者　② 詳細／詳しく述べる　③ 廃棄物・無駄／無駄にする
④ 乗組員・乗務員　⑤ 奪う

A　(1) ④　(2) ②　(3) ③　(4) ⑤　(5) ①

39
(1) **destination** (2) **regularly** (3) **vivid** (4) **preserve** (5) **surgeon**

① 保存する・保護する　② 外科医　③ 目的地　④ いきいきとした・鮮やかな
⑤ 定期的に・規則正しく

A　(1) ③　(2) ⑤　(3) ④　(4) ①　(5) ②

40
(1) **anger** (2) **toll** (3) **bay** (4) **regret** (5) **actual**

① 湾　② 怒り　③ 通行料金・通話料・死傷者数　④ 実際の　⑤ 後悔する／後悔

A　(1) ②　(2) ③　(3) ①　(4) ⑤　(5) ④

ある受験生の挑戦

かつて予備校で僕の授業を受けていた高3の生徒が、この単語習得法を実践して、すべての単語に関して記録をつけてくれました（手書きの膨大なメモをもらいました）。この生徒の偏差値は高3の1学期で54程度です。

学校で配られた単語帳のPart1が800個で区切れていたので、1000個ではなく、800個（200個×4日）でのトライだったのですが、参考になる部分もあると思います。

【目標800個（200個×4日）の正解数（正解率）】
　1回目：311個(39%)　※最初から知っていた単語
　2回目：388個(49%)
　3回目：509個(64%)
　4回目：587個(73%)
　5回目：771個(96%)　※ここで完成とみなし終了

学校で配られた単語帳は本書より少し簡単なこともあって、彼女は最初から311個の単語を知っていたことと、800個だったので、「伸び率」は順調でした。実際はもっと苦労するでしょうが、忙しい受験生がわざわざ提供してくれた貴重な「リアル結果」なので、何かの参考にしてくれればと思います。

ZONE

3

[単語401〜600]

	DATE	NOTE
Set 1	/	
Set 2	/	
Set 3	/	
Set 4	/	
Set 5	/	
Set 6	/	

401

converse [kənvə́:rs]

conversation 名 会話

動 会話する

名詞形 conversation「会話」は、教科書でもよく使われる。

402

legend [lédʒənd]

名 伝説

最近は「伝説的に優れた実績を持つ人」を「レジェンド」と言うが、君たちも周りから legend と呼ばれるくらいの単語力を目指そう／a baseball legend「伝説の野球選手」

403

full-time [fùltáim]

形 正規雇用・常勤の
副 正規雇用・常勤で

最近は日本語でも、「正社員」に対して「フルタイム」という言い方が増えている／a full-time employee「正社員」

404

part-time [pá:rttàim]

形 アルバイトの・非常勤の
副 アルバイトで

full-time「常勤の」に対して、「部分的な時間」で働くので part を使う／「アルバイト」はドイツ語 Arbeit「仕事」からきている。

405

differ [dífər]

different 形 異なる
difference 名 相違

動 異なる

形容詞 different「異なる」の動詞形が differ／（different 同様に）前置詞は from をとって differ from ～「～と異なる」になる。

406

mansion [mǽnʃən]

名 大豪邸

『ドラえもん』のスネ夫の家をイメージ／日本での「マンション」には apartment「賃貸マンション」や condominium「分譲マンション」を使う。

407

weight [wéit]

weigh 動 重さがある・重さを量る

名 重さ・体重

「ウェイトを絞る」は「体重を絞る（減量する）」／put on weight「太る」(put on は「(服を)着る」でよく使われる熟語)

408

occupy [á:kjəpài]

occupation 名 職業

動 占める・占領する

飛行機のトイレが使用中のとき"Occupied"という表示が光るが、これは「トイレが占領されている」→「使用中」ということ（いつかぜひチェックを）。

409

protest
名[próutest] 動[prətést]

protestant 名 異議を唱える人・(Protestantで)プロテスタント

名 抗議 動 抗議する

「人前で (pro) 証言・証明する (test)」→「抗議する」／キリスト教の一派「プロテスタント (Protestant)」は、カトリック教会を支持する議決に「抗議」したことに由来。

410

demand [dɪmǽnd]

名 要求・需要
動 要求する

「オンデマンド」は「要求に応じてサービス・商品を提供するシステム」で、英語でも on demand「要求されたらいつでも」で使う。

411 ■ ■ ■ ■ ■

mood [mú:d]

moody 形 気分屋の・憂鬱な

名 気分

一番大事な意味が「気分」で、辞書でも最初に出てくる／下のほうに「(作品の) 雰囲気」という意味も載っているが、それはスルーして OK

412 ■ ■ ■ ■ ■

birthrate [bə́:rθrèit]

名 出生率

「誕生 (birth) の割合 (rate)」→「出生率」／a low birthrate「低い出生率」

413 ■ ■ ■ ■ ■

complicated
[ká:mpləkèitid]

complicate 動 複雑にする

形 複雑な

動詞 complicate は「一緒に (com) 重ねる (plicate)」→「重なりあって複雑にする」で、過去分詞「複雑にさせられた」→「複雑な」となった。

414 ■ ■ ■ ■ ■

emotion [ımóuʃən]

名 感情

「外へ (e=ex) 心が動く (motion)」→「外に表れる気持ち」→「感情」／「エモい」と関連づけよう。

415 ■ ■ ■ ■ ■

gratitude
[grǽtət(j)ù:d]

名 感謝

「ありがとう (gra) という状態 (tude)」／「ありがとう」をイタリア語で「グラッチェ (grazie)」、スペイン語なら「グラシャス (gracias)」

416

department
[dɪpáːrtmənt]

名 部門

department だけでは「デパート」の意味にはならないので必ず department store という（青山学院大で出題済み）／work in the sales department「営業部で働く」

417

impose [ɪmpóuz]

動 課す

pose は「置く」／impose A on B「A を B に課す」は A がズシリと B にのしかかるイメージ（影響の on）／A には a tax「税金」、a ban「禁止令」などがくる。

418

artificial [àːrtəfíʃəl]

形 人工の

artificial の art「芸術」から、「芸術は人間が作り出したもの」→「人工的な」と考えよう／「AI」は artificial intelligence「人工知能」

419

royal [rɔ́ɪəl]

形 王室の

「王室」を「ロイヤルファミリー（the royal family）」と言うことがあり、イギリス王室のニュースなどで使われる／loyal との区別は p.82 の 221 を参照。

420

rapid [rǽpɪd]

形 急速な

駅の電光掲示板で「快速電車」に rapid と表示されていることも多い／君たちは make rapid progress toward your goal「目標へ急速に（どんどん）進む」を目指せ。

---

421 ■ ■ ■ ■ ■ ■

peel [píːl]

動 皮をむく

キッチン用品の「ピーラー (peeler)」は「皮むき器」/「肌のピーリング」は「古い角質を取り除く (汚れをはがしとる) こと」

---

422 ■ ■ ■ ■ ■ ■

flaw [flɔ́ː]

名 傷・欠点

「フラフラ (fla) ハラハラと部品が剥がれる」→「傷・欠点」というイメージで覚えよう/ちなみに flow は「流れ」(発音は「フロウ」)

---

423 ■ ■ ■ ■ ■ ■

furthest [fə́ːrðist]

副 最も 形 最も遠い

「実際の距離」は far のつづりを引き継いだ farthest で、「比喩的な距離→程度」なら、綴りに変化を加えた furthest/「(程度が) 遠い」→「最も・最も離れた」

---

424 ■ ■ ■ ■ ■ ■

comfort [kʌ́mfərt]

名 快適さ

ビジネスやスポーツで使われる「コンフォートゾーンを抜けて (out of one's comfort zone) こそ成長する」とは「自分が快適に感じる楽な範囲・環境」のこと。

---

425 ■ ■ ■ ■ ■ ■

beneficial [bènəfíʃəl]

benefit **名** 利益 **動** 利益を得る

形 利益になる

benefit「利益」の形容詞形/be beneficial to[for] 〜「〜にとって利益になる」、have a beneficial effect on 〜「〜に良い影響を与える」の形が大事。

426

parking [pá:rkɪŋ]

名 駐車

parking lot「駐車場」(parking だけでも可能だが、lot を伴うことが多い)／免許を取れない高校生には迷惑な話だが、地図問題やリスニングでよく出る単語。

427

means [mí:nz]

名 手段

本来「中間にあるもの」→「作業の中間にあるもの」→「手段」／mean「意味する」、meaning「意味」としっかり区別すること!

428

innovative [ínəvèɪtɪv]

innovate **動** 革新する・刷新する
innovation **名** 革新

形 革新的な

「創造力」をテーマにした長文が入試で激増中なので、その意味でもこの単語は重要／innovative approach「革新的なアプローチ」、innovative way「革新的な方法」

429

drown [dráun]

動 溺死する・溺死させる

drink と同じ語源で、本来「水を飲んで溺死する」／日本語「溺れる」は必ずしも死ぬことまで含まないが、drown は「溺れ死ぬ」までを含む。

430

regular [régjələr]

regularly **副** 規則正しく・定期的に

形 定期的な・通常の

スポーツの「レギュラー」は「いつも・規則的に決まって試合に出る人」／飲み物の「レギュラーサイズ」は「通常のサイズ」

431

consequently
[ká:nsəkwèntli]

consequent 形 結果として起こる

副 結果として

consequently が長文問題で出てきたら「最終結果を述べますよ」という合図。

432

split [splít]

動 分割する・割れる

ボーリングの「スプリット」は「ピンとピンが割れたように残ること」／split the bill で「勘定書を割る」→「割り勘にする」という決まり文句 (bill「請求書」は p.182 の 623)。

433

income [ínkʌm]

名 収入

「財布の中に入って (in) 来る (come) もの」→「収入」／have a high income「高収入を得ている」

434

calm [ká:m]

形 冷静な・穏やかな 名 平穏

受験のことで焦ったときは、自分に、Calm down.「落ち着け」と言ってみよう／君たちは calm に、それでいて情熱を持って今日も単語を仕上げていこう。

435

seriously [síəriəsli]

副 本気で

「シリアスに」→「深刻に・まじめに・本気で」となる／take 人 seriously「人を本気で受け取る」→「人の言うことを真に受ける」

436

spacecraft
[spéɪskr`ft]

名 宇宙船

「宇宙の (space) 作ったもの・乗り物 (craft)」
→「宇宙船」／宇宙開発・宇宙旅行の話は
最近の長文でもニュースでもよく出てくる。

437

general [dʒénərəl]

形 全体的な・一般的な

specific「特定の」の反対で、「全体」のイメー
ジ／the general public「一般大衆」(特定の
人ではない)

438

generally [dʒénərəli]

副 一般的に・たいてい

「広くたいてい・概して」でざっくり語るとき
に便利。generally speaking「一般的に言
えば」という熟語が大事。

439

obvious [á:bviəs]

形 明らかな

It is obvious that ～「～ということは明ら
かだ」

440

anniversary
[æ`nəvə́:rsəri]

名 (○周年の)記念日(命日などにも使う)

「アニバーサリー」とは「記念日」のこと／
their fifth wedding anniversary「あの2人
の結婚5周年」

441

☐☐☐☐☐☐

copy [ká:pi] 注

名 部・冊 動 コピーをとる

「複写」以外に、「(本・雑誌などの) 1 冊」という意味が重要 (この本自体も a copy と言える)。

442

☐☐☐☐☐☐

enemy [énəmi]

名 敵

rival「ライバル・競争相手」のようなニュアンスではなく、ただひたすら憎たらしい「敵」に使う。

443

☐☐☐☐☐☐

divide [dɪváɪd]

動 分割する

di と vide 両方とも「分ける」という意味／be divided into four groups「4 つのグループに分けられる」

division 名 分割

444

☐☐☐☐☐☐

universe [jú:nəvə̀:rs]

名 宇宙

「1 つ (uni) のものが回っている (verse)」→「宇宙」(「宇宙は 1 つ」という考えから)／university「大学」も関連があり「教授と学生が 1 つの世界 (宇宙) を作る発想」から。

445

☐☐☐☐☐☐

former [fɔ́:rmər]

形 以前の・前者の

a former prime minister of Japan「以前の日本の内閣総理大臣」／「後者の」は latter (p.84 の 234)

446

spill [spíl]

動 こぼす

sp- は「拡散」の意味で、「スプリンクラー（sprinkler）」は「水をまき散らす器具」／「まき散らす・こぼす・漏らす」というイメージ。

447

mainly [méinli]

main 形 主な

副 主に・たいていの場合は

意味は main「主な」から簡単だろうが、「理由などを強調する」働きが大事／mainly due to ～「主に～原因で」

448

yearly [jíərli]

形 毎年の

"名詞 +-ly → 形容詞" で、yearly も形容詞が重要（副詞もあるが入試では問われない）／on a yearly basis「1 年ごとに」

449

transportation
[trænspərtéiʃən]

transport 動 輸送する・運ぶ

名 輸送・乗り物

「港（port）から移動させる（trans）こと」→「輸送」→「輸送するもの」→「乗り物」／by public transportation「公共交通機関を使って」

450

vast [væst]

形 広大な・莫大な

「猛烈に広い・とんでもなく途方な」イメージ／「広大な」→「（量・程度が）莫大な」という意味でも使われる／a vast sum of money「莫大な金額」（sum「合計」）

451

expand [ɪkspǽnd]

動 拡大する・広がる

「外へ (ex) パーンと広がる (pand)」と覚えよう／物理的に広がるだけでなく、「事業を拡大する」のようにも使える。

452

consequence
[ká:nsəkwèns]

consequent 形 結果として起こる
consequently 副 その結果

名 結果・重要

「一緒に (con) 後ろに続く (sequence) もの」→「(出来事に続く) 結果」／「結果」の意味が重要だが、余裕があれば「(結果は) 重要」と覚えよう。

453

chemistry [kéməstri]

chemist 名 化学者

名 化学（反応）

化学の教科書に書いてあるかも／「人と人の化学反応」→「良い相性」というカッコいい意味は一般的によく使われるが、残念ながら入試ではあまり見かけない。

454

academic [ækədémɪk]

形 学問の・大学の

大学のパンフレットに「アカデミックな雰囲気で充実した学生生活を」とよく書かれているが、「学問に適した高尚な雰囲気」のこと／one's academic background「学歴」

455

narrowly [nérouli]

narrow 形 狭い・狭量な

副 狭く・かろうじて

「動作との幅が狭い (narrow) 状態で」→「かろうじて」となるイメージ／narrowly escape death「危うく死を免れる」

456

transmit [trænsmít]

transmission 名 伝達

動 送る・伝える

「移動して (trans) 送る (mit)」→「送る・伝える」／transmit information by satellite「衛星で情報を送信する」

457

current [kə́:rənt]

形 現在の 名 流れ

「流れ」→「現在までの流れ」→「現在の」／ocean current「海流」、current affairs「現在の事柄」→「時事問題」

458

investigate [ɪnvéstəgèɪt]

investigation 名 調査

動 調査する

「現場の中に (in) ベストを着た (vest) 警察官が入る」→「調査する」くらいに考えてしまおう（本当の語源は面倒なのでこの覚え方で）。

459

export
名 [ékspɔːrt] 動 [ɪkspɔ́ːrt]

名 輸出（品） 動 輸出する

「港 (port) の外へ (ex)」→「輸出する」／パソコンの「データをエクスポートする」とは「データを外に出して保存する」こと。

460

warranty
[wɔ́ːrənti]

名 保証書

under warranty「保証期間中」、a ten-year warranty「10 年間（有効）の保証書」

461

obstruct [əbstrʌ́kt]

obstruction 名 妨害

動 妨害する

「反対して (ob) 築く (struct)」→「妨害する」
(反対運動する人が壁を築いて進路を妨害する
イメージで覚えよう)

462

fatigue [fətíːg]

fatigued 形 疲れた

名 疲労 動 とても疲れさせる

physical fatigue「肉体疲労」、mental
fatigue「精神的疲労 (ストレスなどによるも
の)」で青山学院大で出題／どちらの疲労が
あってもこの本の単語だけは続けよう。

463

download [dáunlòud]

load 動 詰め込む
upload 動 アップロードする

動 ダウンロードする

「ネット上から自分のパソコン・スマホなど
にデータを落として (down) 詰め込む
(load)」

464

ideal [aɪdíːəl]

idea 名 アイディア

形 理想的な 名 理想

倫理の授業で習う「イデア (idea)」にはギリ
シャ語で「理想の形」という意味があるが、
気軽に使うこともできる (ideal weather for a
picnic「ピクニックに理想的な天気」)。

465

praise [préɪz]

動 褒める 名 称賛

本来「価値」という意味で (つづりが似た
price「値段」と関連があるという説も)、「価値
あるものを褒める」と考えよう／praise 人
for ～「～で人を褒める」の形が重要。

466

dedicate [dédəkèɪt]

dedication 名 献身・専念
dedicated 形 献身的な・熱心な

動 捧げる

「完全に (de) 宣言する (dicate=declare)」→
「(すべてを) 捧げる (と宣言する)」／今は英
単語習得にすべてを捧げてしまおう。

467

anxious [ǽŋkʃəs]

anxiety 名 心配・切望

形 心配な・切望する

核心は「ドキドキして」／be anxious for
〜「〜を切望している (プラスのドキドキ)」、
be anxious about 〜「〜を心配している (マ
イナスのドキドキ)」

468

elementary
[èləméntəri]

形 初歩の

make a very elementary mistake「とても
初歩的なミスをおかす」／elementary
school「小学校」

469

headquarters
[hédkwɔ̀ːrtərz]

名 本社・本部

「頭・中心 (head) になる場所 (quarters)」／
よく HQ と示される／必ず s がつくが単数
扱いの名詞。

470

service [sə́ːrvəs]

serve 動 仕える・勤務する・
(飲食物を) 出す・役立つ

名 乗り物の便・公共事業・
勤務・奉仕

核心は「形のない商品」／「おまけ・1 本サー
ビス」のイメージは捨てること／a bus
service とは「バスが通っていること」

471

astronomer
[əstrá:nəmər]

astronomy 名 天文学

名 天文学者

「天文・星 (astro) に関する学問 (nomy) をする人 (er)」→「天文学者」／ast は星形マークの「アスタリスク (*)」と関連づけよう。

472

childhood [tʃáɪldhùd]

名 子どもの頃

「子ども (child) の時期 (hood)」／in one's childhood「子どものときに」／a childhood friend「幼なじみ」（形容詞的に使われている）

473

due [d(j)ú:]

形 締め切りが来た・支払われるべき・到着予定の・誕生予定の

核心は「来ちゃう!」のイメージ／It's due on Monday.「月曜が締め切りです」／be due to ～「～することになっている」

474

particular [pərtíkjələr]

particularly 副 特に

形 特定の・好みにうるさい

「特定の部分的な (part)」→「特定の」と覚えよう／「特定のことにこだわる」→「好みにうるさい」／be particular about ～「～の好みにうるさい」

475

invest [ɪnvést]

動 投資する

「ベスト (vest) の中に (in) お金を入れる」→「投資する」くらいに覚えてしまおう／invest お金 in 物「お金 を 物 に投資する」の形が重要。

476 ■ ■ ■ ■ ■ ■

chemical [kémɪkl]

chemist 名 化学者
chemistry 名 化学 (反応)

名 化学物質　形 化学の

語尾の al から形容詞「化学の」のイメージ
が強いが、それ以外に名詞「化学物質」も
チェック／toxic chemicals「有毒な化学物
質」

477 ■ ■ ■ ■ ■ ■

access [ǽkses]

名 接近・利用・入手

「ある物へ接近すること」→「利用・入手で
きること」／have access to ～「～を利用で
きる」

478 ■ ■ ■ ■ ■ ■

productive
[prədʌ́ktɪv]

product 名 製品

形 生産性がある

「製品 (product) を生み出す力がある」→「生
産性がある」／入試頻出テーマ「創造性」「働
き方」では重要。

479 ■ ■ ■ ■ ■ ■

trace [tréɪs]

名 跡

「トレースする」とは「なぞる・複写する」こ
と (ビジネスで「既存の手法を真似る」でも使わ
れる)／美術の授業で使う薄い半透明の紙
は「トレーシングペーパー (tracing paper)」

480 ■ ■ ■ ■ ■ ■

bother [bá:ðər]

動 悩ます・迷惑をかける
名 面倒・悩みの種

本来「邪魔する」→「悩ます・迷惑をかける」
と考えれば十分／I'm sorry to bother you.
「ご迷惑をおかけしてすみません」

481 ■ ■ ■ ■ ■ ■

fear [fíər]

fearful 形 恐れる
fearless 形 恐れを知らない・大胆な

名 恐怖 動 怖がる

the fear of death「死の恐怖」／ちょっとした不安から恐怖までいろいろ使える／この本で強靱な単語力をつけて受験への fear を消し去ろう。

482 ■ ■ ■ ■ ■ ■

curious [kjúəriəs]

curiosity 名 好奇心

形 好奇心が強い・詮索好きな

本来「注意 (cur=care) がいろいろなところに向く」で、良い意味で「好奇心が強い」、悪い意味で「詮索好きな」

483 ■ ■ ■ ■ ■ ■

persuade [pərswéid]

persuasive 形 説得力のある

動 説得する

「完全に (per=perfect) 伝える」→「説得する」（説得がうまくいき、説得相手がその行為をすることまで含意）

484 ■ ■ ■ ■ ■ ■

bow [báu]

動 おじぎする 名 おじぎ

bow politely「丁寧におじぎする」／名詞は take a bow「おじぎする」のように使う。

485 ■ ■ ■ ■ ■ ■

heavily [hévəli]

heavy 形 重い

副 重く・激しく

形容詞 heavy「重い」の副詞形だが、そのまま「重く」より「強く・激しく」の意味が大事／rain heavily「激しく雨が降る」

486

acceptance
[əkséptəns]

accept 動 受け入れる

名 受け入れ

動詞 accept の派生語扱いでしか紹介されない悲しい単語だが、a very warm acceptance by the audience「観衆からの温かい受け入れ」は中央大で出題。

487

aim [éim]

名 狙い・目的　動 狙う

「ダーツの的を狙う」イメージ／名詞・動詞共に大事だが、動詞は aim at ~「~を狙う」の形が重要。

488

recall [rikɔ́ːl]

動 思い出す

「元の場所に (re) 呼ぶ (call)」→「記憶を呼び戻す・思い出す」

489

housing [háuziŋ]

名 住宅

日本の不動産会社の名前で「○○ハウジング (housing)」と使われることも多い (CMでもよく聞く)／動詞 house「収容する」の発音は「ハウズ」なので、「ハウズィング」に注意。

490

eager [íːgər]

eagerly 副 熱望して・熱心に

形 熱望して・熱心な

be eager to ~「~したがっている」が重要／excited「ワクワクして」よりも少し強く、「欲望」まで感じ取れる単語。

ZONE 3

1 / 2 / 3 / 4 / 5 / 6 /

491

visual [víʒuəl]

形 視覚の・目に見える

「AV機器」とはAudio Visualの略で、「テレビなど聴覚・視覚を用いる電子機器の総称」

492

inevitable [ɪnévətəbl]

形 避けられない

「何をどうあがいても生じてしまう」というニュアンス／an inevitable result「避けられない（必然的な）結果」

493

label [léɪbl]

名 ラベル
動 ラベルを貼る・分類する

英語の発音は「レイベル」／動詞用法が特に大事で「比喩的にラベルを貼る」→「分類する・名づける・レッテルをはる」イメージ。

494

admit [ədmít]

動 認める

「（大学に入ることを）認める」にも使える／I got admitted to ○○ University.「○○大学に入学許可された」（○○に志望校を入れよう）

495

admission [ədmíʃən]

名 入ること（入場・入学）・入場料

「入ることを認める」→「入場・入学」／大学のパンフにadmissions office「入学選抜事務所」と書かれている（AO入試のAOはAdmissions Officeのこと）。

146

◁◁ TRACK50 [491-500]

496

remarkable
[rɪmáːrkəbl]

remark 動 気づく・言う 名 意見
remarkably 副 目立って

形 注目すべき

動詞 remark は「気づく・言う」/「気づか
れて、言われることができる (able) ほどの」
→「著しい・目立った・注目すべき」

497

deliver [dɪlívər]

delivery 名 配達

動 配達する・伝える・演説を
する・子を産む

「届ける」が意味の中心/「言葉を届ける」
→「伝える・演説をする」、「子どもをこの世
界に届ける」→「産む」

498

increasingly
[ɪnkríːsɪŋli]

副 ますます

動詞 increase「増加する」から、「どんどん
増えていく・グイグイ伸びていく」ときに使
われる/more and more と同じ意味。

499

psychologist
[saɪkáːlədʒɪst]

psychology 名 心理学

名 心理学者

「心に関する (psycho) 学問 (logy) をする専
門家 (ist)／psycho (サイコ) とは「精神・心」
のこと／become a psychologist「心理学者
になる」

500

congratulate
[kəngrǽdʒəlèɪt]

congratulation 名 祝賀
間 (〜sで) おめでとう

動 お祝いを伝える

congratulate の gratu「喜び・感謝」に注目
(たとえばイタリア語「グラッチェ (ありがとう)」
と同じイメージ) して、「感謝を示す」→「祝う」
／この本も半分までた。

501

conserve [kənsə́:rv]

conservation 名 保存・保護

動 保存する・保護する

「一緒に (con) 保つ (serve)」／serve「保つ」は reserve「予約する (良い席を保つ)」や、preserve「保存する」で使われている。

502

rid [ríd]

動 取り除く

「余計なものをすべて取り除いて綺麗にする」イメージ／rid 人 of 物「人から物を取り除く」が基本で、受動態 人 is rid of 物 が重要 (rid は無変化動詞)。

503

affect [əfékt]

動 影響を与える

意外とスルーされているが超重要単語／be badly affected by pollution「汚染により悪い影響を受ける」

504

mass [mǽs]

massive 形 巨大な

名 かたまり・多数

「マスメディア (mass media)」は「大衆への伝達媒体 (テレビ・新聞など)」で、mass は「かたまり」のイメージ／a mass of evidence「たくさんの証拠」

505

prevent [privént]

動 阻止する

「前に (pre) 出てくる出来事 (vent=event)」→「出来事が前に出てジャマする」イメージ／prevent 人 from –ing で「人 が〜するのを阻止する (…のせいで 人 は〜できない)」

506

development
[dɪvéləpmənt]

develop 動 発展する・開発する

名 発展・開発

the development of information technology「ITの発達」は高知大で出題（英作文でも便利な表現）。

507

predict [prɪdíkt]

prediction 名 予測・予言

動 予測する

「前もって (pre) 言う (dict)」→「予言する・予測する」

508

vote [vóut]

動 投票する 名 投票

vow「誓う」と同じ語源で「投票すると誓う」→「投票する」／vote for ～「～に投票する」／vote to ～「～することを投票で決める」（to は不定詞）

509

astronomy
[əstrá:nəmi]

astronomer 名 天文学者

名 天文学

be interested in astronomy「天文学に興味を持っている」／僕の世代では「ウルトラマン・アストラ」で宇宙のイメージを持てるが、君たちの世代のアニメで何かないかね？

510

prefer [prɪfə́:r]

preferable 形 好ましい
preference 名 好み

動 好む

prefer A to B「B より A を好む」

---

511 ■■■■■■

formerly [fɔ́ːrmərli]

former 形 前の・先の

副 以前は

まずは形容詞 former「前の」をしっかり意識することで、この formerly と formally「正式に」を区別しよう。

---

512 ■■■■■■

prime [práim]

形 最も重要な・第一の・主要な

the Prime Minister「総理大臣」は「最も重要な (prime) 大臣 (minister)」／「最も重要な・第一の」→少し弱まって→「主要な」

---

513 ■■■■■■

throughout [θruáut]

前 ～の間ずっと・～のいたるところに

「～を通して (through) + 強調 (out)」／時間「～の間ずっと」にも、場所「～のいたるところに」にも使える。

---

514 ■■■■■■

atmosphere [ǽtməsfìər]

名 雰囲気・大気

本来「周りの空気」→「雰囲気・大気」／日本語「ムード」にあたる単語 (ちなみに mood は「気分」という意味)／the atmosphere in the restaurant「レストランの雰囲気」

---

515 ■■■■■■

engineering [èndʒəníərɪŋ]

engineer 名 エンジニア

名 工学

engineer から覚えるか、engine に注目して「エンジンや機械に関わること」と覚えよう／genetic engineering「遺伝子工学 (遺伝子を人工的に操作する技術)」

516

yell [jél]

動 叫ぶ 名 大声の叫び

応援するときの「エールを送る」は、この yell からきているが、yell 本来の意味は「大声をあげる・叫ぶ」で、こちらで使われることがほとんど。

517

rival [ráɪvl]

名 ライバル・競争相手
動 ライバル視する・匹敵する

意味は簡単なので、つづりを見て反応できるように（大昔、川の利用を争ったのが由来なので、river に似ている）。

518

headline
[hédlàɪn]

名 見出し

本来「新聞の上部・頭（head）にある行（line）」／Here are today's headlines.「今日のヘッドライン（主なニュース）です」（ニュース冒頭のセリフ）

519

criticize [krítəsàɪz]

critic 名 批評家
criticism 名 批評・批判

動 批判する

なんか発音が少し刺々しい響き／「批判する」より軽く「文句を言う・咎める」くらいのイメージでも OK／criticize 人 for 〜「人 を〜を理由に批判する」の形が重要。

520

exhaust [ɪgzɔ́:st]

exhausting 形 心身を疲れさせる
exhausted 形 疲れきった

動 疲れさせる

「外に（ex）エネルギーを出す」→「どっと疲れさせる」／「疲れる」ではなく「疲れさせる」／勉強の後、exhausted になるのは集中した証だ。

521

wealthy [wélθi]

wealth 名 富

形 裕福な

「富・財産 (wealth) が多い」という意味／desire to be wealthy「金持ちになりたいという野心」

522

precise [prisáis]

形 正確な

「前もって (pre) 切る (cise)」→「余裕をもって正確に切る」→「正確な」

523

refresh [rifréʃ]

動 元気にする・再読み込みする

「元の (re) フレッシュな状態にする (fresh)」イメージ／ゲームの HP を 100%に戻す感じ／refresh a web page「ウェブページを再読み込みする」

524

infant [ínfənt]

名 乳児・幼児

本来「話ができない」を表すので「乳児」という意味だが、「(話ができる) 幼い子ども」の意味でも使える (文脈次第) ので、「乳児・幼児」とセットで覚えよう。

525

organize [ɔ́ːrgənàɪz]

organization 名 組織

動 組織する・整理する

organ「器官・臓器・組織」と関連があるのが organize「組織する」／「組織する」という訳語で硬いと感じるときは「まとめる・整理する」が便利。

526

developing
[dɪvéləpɪŋ]

developed 形 発展した

形 発展途上の

a developing country[nation]「発展途上国」(undeveloped を遠回しに表現する)／難関大では emerging (直訳「現れてきた」→「新興の」) で書き換えさせることも。

527

drunk [dráŋk]

形 酔った

drink の過去分詞 (drink-drank-drunk という変化) 以外に、この「酒に酔った」も重要／「飲まされた・酔わされた」→「酔っぱらった」と覚えよう。

528

request [rɪkwést]

動 頼む 名 要望・依頼

本来「何度も (re) 求める (quest)」→「(強く) 頼む・要請する」というニュアンス／ask for ～「～を頼む」の硬いバージョン。

529

bull [búl]

名 牛 ※去勢していない雄牛

エナジードリンク「レッド・ブル」には牛のマーク／bulldog「ブルドッグ」、bulldozer「ブルドーザー」の強そうなイメージとも関連づけて。

530

cattle [kǽtl]

名 牛

本来は「財産」(牛などの家畜は農家にとって財産だった)／cattle はオス・メス問わず牛全般を指す (そのためいちいち数えず、複数名詞扱いで、a catle・cattles は NG)。

531

worth [wə́:rθ]

worthy 形 価値がある

前 〜の価値がある

辞書によっては「形容詞」と表記されるが、「前置詞」と考えたほうがいい（前置詞なので後ろには「名詞・動名詞」がくる）／be worth buying「買う価値がある」

532

transfer [trænsfə́:r]

動 移る

「移動して (trans) 運ぶ (fer)」(trans は transmit「送る」、fer は ferry「フェリー（荷物を運ぶ船）」で使われている) →「移る・移す・乗り換える」

533

crowd [kráud]

名 人混み 動 場所に群がる

動詞「場所に群がる」は、受動態 "場所 is crowded with 人"「場所 は 人 に群がられた・押しかけられた」→「混雑した」の形が重要。

534

capital [kǽpətl]

名 大文字・首都・資本金
形 重要な・資本の

cap は「頭」(captain「キャプテン」に使われる)／「頭・中心」→「大文字」、「国の中心」→「首都」、「中心の金」→「資本金」

535

forbid [fərbíd]

動 禁じる

Forbidden fruit is sweetest.「禁断の果実はすごく甘い」ということわざがある。

536

adopt [ədá:pt]

adoption 名 採用

動 採用する

adapt (p.90 の 265) と紛らわしいが、adopt の opt は「選ぶ」という意味 (「選択肢・オプション」は option)で、adopt は「(選んで)採用する」

537

tourism [túərɪzm]

名 観光旅行・観光事業

旅行代理店の名前に「ツーリズム」が使われる／発音は「トゥアリズム」でリスニングで重要。

538

admire [ədmáɪər]

動 褒める・感心する

「～に向けて(ad)奇跡だと声を上げる (mire)」(mire は miracle「ミラクル・奇跡」と関連アリ)／1000 単語達成すれば admire されるはず。

539

occasionally [əkéɪʒənəli]

occasional 形 時々の

副 時々

occasion は「場合」(p.115 の 390) で、「その場合、その場合によって」→「時々」と考えよう。sometimes や once in a while と同じような意味。

540

foundation [faundéɪʃən]

found 動 設立する

名 土台・設立

「ファンデーション」は化粧の「土台」になるもので、「ベースメイク」とも言われる(正確な発音は「ファウンデーション」)。

541

contain [kəntéin]

container 名 容器

動 含む

「一緒に (con) 保つ (tain)」→「含む」(tain は maintain「維持する」でも使われる)

542

capacity [kəpǽsəti]

to capacity 熟 満員で

名 能力・収容力

元々「器・容量」のイメージで、「人の器・人が収容できる容量」→「能力」、「たくさんの人を収容できる容量」→「収容力」

543

growth [gróuθ]

grow 動 成長する

名 成長・発育・栽培

grow の名詞形というだけだが、ニュースでもよく出てくるので、しっかり意識しよう。

544

certain [sə́:rtn]

certainly 副 確かに・(返答で)もちろん

形 確信して・ある〜

核心は「確実に決まっている」で、「心の中で確実に決まっている」→「確信して・ある特定の」となる／名詞の前に置くと「ある〜」という意味になる。

545

advise [ədváiz]

advice 名 アドバイス・助言

動 助言する

動詞なので「アドバイズ」という発音。名詞 advice「助言」とはつづりも発音も違う。

546

consideration
[kənsìdəréiʃən]

名 考慮・思いやり

take ～ into consideration「～を考慮に入れる」という熟語が重要（目的語が長いと後ろに置かれ、take into consideration ～ の形になることもよくある）。

547

salary [sǽləri]

名 給料

salt「塩」と語源が同じで、「塩を買うお金」という発想（昔、調味料・保存料として塩は大変貴重だった）。

548

silk [sílk]

silky **形** 絹のような

名 絹

柔軟剤のキャッチフレーズで「シルクのような肌触り」というのは「絹のように滑らかな肌触り」ということ／a silk tie「絹製のネクタイ」

549

barometer
[bərá:mətər]

名 気圧計・バロメーター（指標）

元々は「気圧計」（meter は「メーター・計測器」）→「測るもの」→「バロメーター（指標）」

550

package [pǽkɪdʒ]

名 小包 **動** 包装する

意味自体は問題ないだろうが、動詞用法「包装する」と、（リスニングで出たときに）発音「パキッジ」に注意。

551

register [rédʒɪstər]

動 登録する

スーパーの「レジ」は「売り上げを記録・登録する機械」／名詞 registration を使った online registration「オンライン登録」も重要。

registration 名 登録

552

scope [skóup]

名 範囲

ゲームで「スコープ」と言えば「(狙いを定める) 範囲」／顕微鏡 (microscope) は「ミクロな (micro) 範囲 (scope) を見る機械」(発音は「マイクロスコウプ」)

553

personal information
[pə́:rsənl ìnfərméɪʃən]

名 個人情報

「個人の (personal) 情報 (information)」／protect one's personal information online「オンライン上で、個人情報を保護する」

554

odd [á:d]

形 奇妙な・奇数の

odd は「奇」のイメージで、「奇妙な・奇数の」／an odd custom「奇妙な風習」

555

process [prá:ses]

名 過程・作業・方法・手順
動 加工する

「プロセス・過程」でピンとこないときは「一連の action」と考えよう (その訳語が「作業・方法・手順」というだけ)。

556

analyze [ǽnəlàɪz]

analyst 名 分析者・評論家
analysis 名 分析（結果）

動 分析する

「経済アナリスト」という職業は「経済を分析する人・経済評論家」／analyze and solve problems「問題を分析し、解決する」が広島大の英文で出た。

557

motivate [móutəvèɪt]

motivation 名 モチベーション（やる気）・動機づけ
motive 名 動機・目的

動 やる気にさせる・動機を与える

「モチベーション（motivation）」の動詞形／motivate 人 to ～「人 に～する気にさせる」から、受動態 be motivated to ～「～する気になっている」が重要。

558

thus [ðʌ́s]

副 このように・したがって

this と同じ語源で、「このように」→「このようにすることで」→「したがって」

559

finite [fáɪnaɪt]

infinite 形 無限の・無数の

形 有限の

「終わり（fin）がある」→「有限の・限界がある」／fin は finish「終える」、final「最後の、finale「フィナーレ・大詰め」で使われている。

560

rough [rʌ́f]

形 粗い

「ザラザラした」イメージ／「粗い・大まかな・雑な」などの意味／a rough draft「大まかな原稿」→「下書き原稿」

561

bury [béri]

burial 名 埋葬

動 埋める・埋葬する

bury our pet hamster in the garden「(死んでしまった) ペットのハムスターを庭に埋める」/特殊な発音で、発音問題でよく狙われる。

562

instinct [ínstiŋkt]

名 本能

本来「内部から (in) 刺すもの (stinct=sting)」→「体の中に潜んでいるもの」のイメージ/It is human instinct to laugh.「笑うことは人間の本能だ」(赤ちゃんが笑うことなど)

563

random [rǽndəm]

形 無作為の・手あたり次第の

「ランダム」とは「無作為・手あたり次第・任意」ということ/call on students at random「無作為に生徒を当てる」

564

logical [láːdʒɪkl]

形 論理的な・筋が通った

「ロジカルシンキング (logical thinking)」は「論理的思考」のこと/「論理的な」→「筋が通った」という意味でもよく使われる。

565

relief [rɪlíːf]

relieve 動 取り除く・安心させる
relieved 形 ほっとした

名 除去・安心

受験生には「安心」ばかりが知られているが、本来「除去」(大半の辞書で「除去」が一番最初に書いてある)→「不安の除去」→「安心」

---

566 ■ ■ ■ ■ ■ ■

hood [húd] 🎯

名 フード（頭巾）

パーカーについた「フード」でおなじみだが、正確な発音は「フッド」

---

567 ■ ■ ■ ■ ■ ■

membership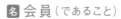
[mémbərʃip]

名 会員（であること）

「メンバー（member）の身分（ship）」→「会員であること」／a membership card「会員証」

---

568 ■ ■ ■ ■ ■ ■

tropical [trá:pikl]

形 熱帯の

tropical fish「熱帯魚」、tropical rain forest「熱帯雨林」、live in a tropical paradise「熱帯の楽園に暮らす」などなど、どれもトロピカルな感じ。

---

569 ■ ■ ■ ■ ■ ■

moist [mɔ́ist]

形 湿った

moisture 名 水分・湿気

シャンプーの CM で「髪の潤いを保つモイスト成分」のように使われている／a deliciously moist chocolate cake「おいしくてしっとりしたチョコレートケーキ」

---

570 ■ ■ ■ ■ ■ ■

harmful [há:rmfl]

形 有害な

harm 動 害する 名 損害・危害

harm「害（を与える）」の形容詞形／「害（harm）がたくさん（ful）」→「有害な」／be harmful for children「子どもにとって有害である」

571

nation [néɪʃən]

national 形 国家の

名 国家・国民

「ナショナルチーム (national team)」は「国の代表チーム」のことで、形容詞 national「国家の」の名詞形が nation

572

fix [fíks]

動 修理する・固定する

本来「ユルんだもの・ガタついたものにいろいろと手を加えて、しっかり固定して直す」イメージ／ビジネスで「スケジュールの確定」を「予定をフィックスする」と言う。

573

gene [ʤíːn]

genetic 形 遺伝子の

名 遺伝子

本来「発生させるもの」(動詞 generate「発生させる」) →「生物を発生させるときの情報」→「遺伝子」

574

common [káːmən]

commonly 副 一般に・通例

形 共通の・よくある

have a lot in common「たくさん共通点がある」／a common mistake「あるあるミス」

575

spare [spéər]

動 割く・省く
形 余分の・空いている

真逆の2つの意味を持ち、spare 人 時間「人に時間を与える・割く」、spare 人 trouble「人から手間を奪う・省く」

576 ■ ■ ■ ■ ■ ■

pronounce
[prənáuns]

pronunciation 名 発音

動 発音する

「プロのように英語をアナウンスする
(announce)」→「発音する」と覚えよう。

577 ■ ■ ■ ■ ■ ■

revolution [rèvəlú:ʃən]

revolve 動 回転する

名 回転・革命

本来「回転」→「世の支配体制が回転」→「革
命」／the Industrial Revolution「産業革
命」から、the online shopping revolution
「オンラインショッピング革命」にも使える。

578 ■ ■ ■ ■ ■ ■

appropriate
[əpróupriət]

形 適切な

the appropriate amount of studying「適
切な勉強量」

579 ■ ■ ■ ■ ■ ■

priority [praɪɔ́:rəti]

prior 形 前の・優先する

名 優先（事項）

「何よりも前に（先に）やるべきこと」→「優
先」／priority seat「優先席」

580 ■ ■ ■ ■ ■ ■

rather [rǽðər]

副 むしろ

"否定文 . Rather 〜 ."「そうではなくて実
際はむしろ〜だ」という意味が長文問題で
は重要／"A rather than B・rather A than
B"「B よりむしろ A」の形も大事。

581

demonstration
[dèmənstréɪʃən]

demonstrate 動 実演して見せる・
デモをする

名 実演・デモ

「デモ」は「抗議」のイメージが強いが、本来「実演」という意味／give a cooking demonstration「料理の実演をする」

582

convey [kənvéɪ]

動 運ぶ・伝える

「ベルトコンベア (conveyor belt)」は「物を運ぶ装置」／「言葉を運ぶ」→「伝える」／convey specific messages「具体的なメッセージを伝える」は国際教養大で出た。

583

edge [édʒ]

名 (刃物の) 刃・ふち・強み

本来「尖ったもの」→「刃・ふち」／応用で「他と比べて尖ったもの」→「優位」という意味もある（日本語でも「エッジが効いている」と使われる）。

584

define [dɪfáɪn]

動 明確にする・定義する

「ハッキリさせる」イメージ／入試には出ないが DTR (define the relationship) は「好きな相手との関係をハッキリさせる」（ただの友達か、ちゃんとした恋人か、など)

585

fault [fɔ́:lt]

名 責任・欠点

本来「失敗」→「欠点」→「(欠点の) 責任」／テニスでサーブ失敗を「フォルト」と言う。

586

payment [péɪmənt]

pay 動 支払う

名 支払い・返済

make 〜 payment「〜という支払いをする」の形が重要で、make a cash payment「現金での支払いをする」のように使われる。

587

voyage [vɔ́ɪɪʤ]

名 航海・旅

実際には陸海空問わず、「旅」全般に使える／Bon voyage!「良い旅を!」は旅立つ人への決まり文句です(本来はフランス語で、その場合「ボン・ボヤージュ」と言う)。

588

range [réɪnʤ]

名 範囲

「グッと伸びて広がる範囲」のイメージ／have a wide range of knowledge「幅広い知識を持っている」

589

regional [ríːʤənl]

region 名 地域

形 その地域の・局地的な

region「地域」の形容詞形なので、普通は「地域の」と訳されるが、「その地域の・その地方の」→「局地的な」と考えるほうがいい。

590

capture [kǽptʃər]

動 捕まえる

catch のイメージ／動画の一部を「静止画として捉えたもの」を「キャプチャー」と言う／screencapture は「スクリーンショット」のこと(そのまま screen shot でも OK)。

591

destiny [déstəni]

名 運命

desire「望む」と関連があるので、「desire する destiny（望むべき運命）」と覚えよう。

592

estimate
動[éstəmèit] 名[éstəmət]

動 評価する・推定する
名 見積り

「ざっくり数える」イメージ／業者への依頼や広告などの「まずは無料お見積りを」で使われる。

593

observe [əbzə́:rv]

動 守る・観察する・気づく・述べる

核心は「じっと見守る」→「ルールをじっと見守る」→「守る」、「じっと見守る」→「観察する・気づく」→「（観察したことを）述べる」

594

selfish [sélfiʃ]

形 わがままな

「自己（self）が中心」→「わがままな」／-ish は「〜的な」という形容詞を作る語尾（例 stylish「上品な」）。

595

criminal [krímənl]

crime 名 犯罪

名 犯人 形 犯罪の

chase a criminal「犯人を追跡する」、arrest a criminal「犯人を逮捕する」、have a criminal record「前科がある」という流れで覚えよう。

596 ■ ■ ■ ■ ■ ■ ■

minimum [mínɪməm]

minimize 動 最小にする

名 最小限

「ミニマム」と使われる／mini「ミニ」に注目すればOK／「ミニマリスト」は「最小限の物だけで生活する人」

597 ■ ■ ■ ■ ■ ■ ■

surface [sə́:rfəs]

名 表面・外見

sur は「上」で、survive なら「上を生きる」→「生き延びる」／surface は「顔（face）の上（sur）」→「表面、外見」

598 ■ ■ ■ ■ ■ ■ ■

indicate [índəkèɪt]

indication 名 指示・暗示

動 示す

indicate の dic は「言う」という意味／「何かを言う・示す」というイメージ。

599 ■ ■ ■ ■ ■ ■ ■

liquid [líkwɪd]

名 液体

整髪料・化粧品で「リキッドタイプ」「リキッドファンデーション」といえば「液体状」のこと（正確な発音は「リクウィッド」）／「固体」は solid、「気体」は gas

600 ■ ■ ■ ■ ■ ■ ■

slip [slíp]

動 すべる・（記憶から）消える
名 すべること

「ツルッとすべる」イメージ／「頭からすべる」→「忘れる」／「すべる」と聞いてナーバスになるようなヤワな受験生にはなるな！

次の(1)〜(5)の単語の意味を、①〜⑤から選びなさい。

1
(1) **register**　(2) **psychologist**　(3) **worth**　(4) **package**　(5) **tropical**

① 心理学者　② 〜の価値がある　③ 登録する　④ 小包・包装する　⑤ 熱帯の

A　(1) ③　(2) ①　(3) ②　(4) ④　(5) ⑤

2
(1) **prefer**　(2) **thus**　(3) **copy**　(4) **atmosphere**　(5) **scope**

① 雰囲気・大気　② 好む　③ 部・冊／コピーをとる　④ このように・したがって　⑤ 範囲

A　(1) ②　(2) ④　(3) ③　(4) ①　(5) ⑤

3
(1) **precise**　(2) **random**　(3) **finite**　(4) **slip**　(5) **artificial**

① すべる・(記憶から)消える／すべること　② 有限の　③ 人工の　④ 正確な　⑤ 無作為の・手あたり次第の

A　(1) ④　(2) ⑤　(3) ②　(4) ①　(5) ③

4
(1) **wealthy**　(2) **converse**　(3) **astronomer**　(4) **indicate**　(5) **conserve**

① 会話する　② 示す　③ 天文学者　④ 保存する・保護する　⑤ 裕福な

A　(1) ⑤　(2) ①　(3) ③　(4) ②　(5) ④

5
(1) **heavily**　(2) **capital**　(3) **request**　(4) **peel**　(5) **innovative**

① 大文字・首都・資本金／重要な・資本の　② 重く・激しく　③ 頼む／要望・依頼　④ 皮をむく　⑤ 革新的な

A　(1) ②　(2) ①　(3) ③　(4) ④　(5) ⑤

6
(1) **service** (2) **eager** (3) **furthest** (4) **expand**
(5) **capacity**

① 乗り物の便・公共事業・勤務・奉仕　② 拡大する・広がる　③ 最も／最も遠い
④ 熱望して・熱心な　⑤ 能力・収容力

A　(1) ①　(2) ④　(3) ③　(4) ②　(5) ⑤

7
(1) **prevent** (2) **odd** (3) **developing** (4) **process**
(5) **remarkable**

① 発展途上の　② 注目すべき　③ 阻止する　④ 奇妙な・奇数の
⑤ 過程・作業・方法・手順／加工する

A　(1) ③　(2) ④　(3) ①　(4) ⑤　(5) ②

8
(1) **ideal** (2) **rival** (3) **anxious** (4) **criminal**
(5) **aim**

① 理想的な／理想　② 犯人／犯罪の　③ 狙い・目的／狙う　④ 心配な・切望する
⑤ ライバル・競争相手／ライバル視する・匹敵する

A　(1) ①　(2) ⑤　(3) ④　(4) ②　(5) ③

9
(1) **seriously** (2) **organize** (3) **hood** (4) **liquid**
(5) **obvious**

① 本気で　② フード（頭巾）　③ 液体　④ 組織する・整理する　⑤ 明らかな

A　(1) ①　(2) ④　(3) ②　(4) ③　(5) ⑤

10
(1) **former** (2) **throughout** (3) **increasingly** (4) **rapid**
(5) **consequence**

① 以前の・前者の　② 結果・重要　③ 急速な　④ ますます
⑤ 〜の間ずっと・〜のいたるところに

A　(1) ①　(2) ⑤　(3) ④　(4) ③　(5) ②

次の(1)〜(5)の単語の意味を、①〜⑤から選びなさい。

11
(1) **prime**　(2) **regional**　(3) **headline**
(4) **development**　(5) **consideration**

① その地域の・局地的な　② 見出し　③ 考慮・思いやり
④ 最も重要な・第一の・主要な　⑤ 発展・開発

A　(1) ④　(2) ①　(3) ②　(4) ⑤　(5) ③

12
(1) **personal information**　(2) **selfish**　(3) **mood**
(4) **spare**　(5) **growth**

① わがままな　② 割く・省く／余分の・空いている　③ 気分　④ 個人情報
⑤ 成長・発育・栽培

A　(1) ④　(2) ①　(3) ③　(4) ②　(5) ⑤

13
(1) **harmful**　(2) **transmit**　(3) **divide**　(4) **rough**
(5) **gene**

① 有害な　② 遺伝子　③ 粗い　④ 送る・伝える　⑤ 分割する

A　(1) ①　(2) ④　(3) ⑤　(4) ③　(5) ②

14
(1) **chemistry**　(2) **voyage**　(3) **praise**　(4) **investigate**
(5) **infant**

① 褒める／称賛　② 乳児・幼児　③ 調査する　④ 航海・旅　⑤ 化学（反応）

A　(1) ⑤　(2) ④　(3) ①　(4) ③　(5) ②

15
(1) **narrowly**　(2) **salary**　(3) **warranty**　(4) **barometer**
(5) **instinct**

① 狭く・かろうじて　② 本能　③ 保証書　④ 給料　⑤ 気圧計・バロメーター（指標）

A　(1) ①　(2) ④　(3) ③　(4) ⑤　(5) ②

16
(1) **tourism**　(2) **estimate**　(3) **chemical**
(4) **department**　(5) **transportation**

① 化学物質／化学の　② 観光旅行・観光事業　③ 評価する・推定する／見積り
④ 部門　⑤ 輸送・乗り物

A　(1) ②　(2) ③　(3) ①　(4) ④　(5) ⑤

17
(1) **parking**　(2) **analyze**　(3) **appropriate**
(4) **gratitude**　(5) **access**

① 駐車　② 感謝　③ 接近・利用・入手　④ 適切な　⑤ 分析する

A　(1) ①　(2) ⑤　(3) ④　(4) ②　(5) ③

18
(1) **particular**　(2) **full-time**　(3) **download**
(4) **exhaust**　(5) **demonstration**

① 疲れさせる　② 特定の・好みにうるさい　③ 正規雇用・常勤の／正規雇用・常勤で
④ 実演・デモ　⑤ ダウンロードする

A　(1) ②　(2) ③　(3) ⑤　(4) ①　(5) ④

19
(1) **logical**　(2) **advise**　(3) **persuade**　(4) **range**
(5) **vote**

① 論理的な・筋が通った　② 範囲　③ 投票する／投票　④ 説得する　⑤ 助言する

A　(1) ①　(2) ⑤　(3) ④　(4) ②　(5) ③

20
(1) **surface**　(2) **common**　(3) **fear**　(4) **drunk**
(5) **recall**

① 思い出す　② 酔った　③ 表面・外見　④ 恐怖／怖がる　⑤ 共通の・よくある

A　(1) ③　(2) ⑤　(3) ④　(4) ②　(5) ①

次の(1)〜(5)の単語の意味を、①〜⑤から選びなさい。

21
(1) due　(2) moist　(3) generally　(4) define
(5) transfer

① 締め切りが来た・支払われるべき・到着予定の・誕生予定の　② 一般的に・たいてい
③ 明確にする・定義する　④ 湿った　⑤ 移る

A　(1) ①　(2) ④　(3) ②　(4) ③　(5) ⑤

22
(1) payment　(2) housing　(3) relief　(4) capture
(5) productive

① 捕まえる　② 生産性がある　③ 除去・安心　④ 住宅　⑤ 支払い・返済

A　(1) ⑤　(2) ④　(3) ③　(4) ①　(5) ②

23
(1) revolution　(2) silk　(3) general　(4) predict
(5) childhood

① 予測する　② 全体的な・一般的な　③ 子どもの頃　④ 絹　⑤ 回転・革命

A　(1) ⑤　(2) ④　(3) ②　(4) ①　(5) ③

24
(1) split　(2) bury　(3) acceptance　(4) means
(5) income

① 分割する・割れる　② 埋める・埋葬する　③ 収入　④ 受け入れ　⑤ 手段

A　(1) ①　(2) ②　(3) ④　(4) ⑤　(5) ③

25
(1) observe　(2) bother　(3) affect　(4) current
(5) vast

① 現在の／流れ　② 影響を与える　③ 広大な・莫大な
④ 守る・観察する・気づく・述べる　⑤ 悩ます・迷惑をかける／面倒・悩みの種

A　(1) ④　(2) ⑤　(3) ②　(4) ①　(5) ③

26 (1) formerly　(2) demand　(3) priority　(4) mass　(5) criticize

① 以前は　② 優先（事項）　③ かたまり・多数　④ 要求・需要／要求する　⑤ 批判する

A　(1) ①　(2) ④　(3) ②　(4) ③　(5) ⑤

27 (1) admire　(2) elementary　(3) edge　(4) mainly　(5) bull

① 褒める・感心する　②（刃物の）刃・ふち・強み　③ 牛　※去勢していない雄牛
④ 主に・たいていの場合は　⑤ 初歩の

A　(1) ①　(2) ⑤　(3) ②　(4) ④　(5) ③

28 (1) contain　(2) beneficial　(3) crowd　(4) comfort　(5) deliver

① 含む　② 利益になる　③ 配達する・伝える・演説をする・子を産む
④ 人混み／場所に群がる　⑤ 快適さ

A　(1) ①　(2) ②　(3) ④　(4) ⑤　(5) ③

29 (1) occupy　(2) occasionally　(3) admit　(4) refresh　(5) legend

① 時々　② 占める・占領する　③ 認める　④ 元気にする・再読み込みする　⑤ 伝説

A　(1) ②　(2) ①　(3) ③　(4) ④　(5) ⑤

30 (1) protest　(2) consequently　(3) spill　(4) fix　(5) birthrate

① 結果として　② 修理する・固定する　③ こぼす　④ 抗議／抗議する　⑤ 出生率

A　(1) ④　(2) ①　(3) ③　(4) ②　(5) ⑤

次の(1)〜(5)の単語の意味を、①〜⑤から選びなさい。

31
(1) **mansion**　(2) **label**　(3) **royal**　(4) **obstruct**
(5) **export**

① 大豪邸　② 王室の　③ ラベル／ラベルを貼る・分類する　④ 妨害する
⑤ 輸出（品）／輸出する

.... A (1) ①　(2) ③　(3) ②　(4) ④　(5) ⑤

32
(1) **spacecraft**　(2) **invest**　(3) **trace**　(4) **minimum**
(5) **complicated**

① 複雑な　② 跡　③ 投資する　④ 最小限　⑤ 宇宙船

.... A (1) ⑤　(2) ③　(3) ②　(4) ④　(5) ①

33
(1) **certain**　(2) **fault**　(3) **astronomy**
(4) **headquarters**　(5) **differ**

① 本社・本部　② 天文学　③ 確信して・ある〜　④ 責任・欠点　⑤ 異なる

.... A (1) ③　(2) ④　(3) ②　(4) ①　(5) ⑤

34
(1) **emotion**　(2) **nation**　(3) **weight**　(4) **forbid**
(5) **convey**

① 感情　② 重さ・体重　③ 国家・国民　④ 禁じる　⑤ 運ぶ・伝える

.... A (1) ①　(2) ③　(3) ②　(4) ④　(5) ⑤

35
(1) **pronounce**　(2) **regular**　(3) **congratulate**
(4) **universe**　(5) **fatigue**

① 定期的な・通常の　② 宇宙　③ 発音する　④ 疲労／とても疲れさせる
⑤ お祝いを伝える

.... A (1) ③　(2) ①　(3) ⑤　(4) ②　(5) ④

36
(1) **yearly** (2) **anniversary** (3) **motivate** (4) **dedicate** (5) **inevitable**

① (〇周年の)記念日(命日などにも使う) ② やる気にさせる・動機を与える
③ 避けられない ④ 捧げる ⑤ 毎年の

A (1) ⑤ (2) ① (3) ② (4) ④ (5) ③

37
(1) **cattle** (2) **part-time** (3) **foundation** (4) **adopt** (5) **engineering**

① アルバイトの・非常勤の／アルバイトで ② 採用する ③ 工学 ④ 牛
⑤ 土台・設立

A (1) ④ (2) ① (3) ⑤ (4) ② (5) ③

38
(1) **academic** (2) **impose** (3) **visual** (4) **flaw** (5) **rather**

① 傷・欠点 ② 視覚の・目に見える ③ 学問の・大学の ④ 課す ⑤ むしろ

A (1) ③ (2) ④ (3) ② (4) ① (5) ⑤

39
(1) **calm** (2) **admission** (3) **destiny** (4) **bow** (5) **membership**

① 冷静な・穏やかな／平穏 ② 会員(であること) ③ おじぎする／おじぎ
④ 入ること(入場・入学)・入場料 ⑤ 運命

A (1) ① (2) ④ (3) ⑤ (4) ③ (5) ②

40
(1) **enemy** (2) **curious** (3) **rid** (4) **yell** (5) **drown**

① 叫ぶ／大声の叫び ② 好奇心が強い・詮索好きな ③ 取り除く ④ 敵
⑤ 溺死する・溺死させる

A (1) ④ (2) ② (3) ③ (4) ① (5) ⑤

「単語を一気に片付ける」メリット

　1000単語メソッドの「短期間で単語を覚える」ことのメリットはもはや言うまでもないことですが、実は他にも良いことがあるんです。

---

① 　今後の英語の勉強で、辞書を引く時間が大幅にカットされる。いちいち単語でつまずかない。
　　　よって、ストレスが激減して、英語の勉強がものすごくスムーズになる。
② 　今後、文法などの勉強に集中できる。
③ 　短期間で1000個も覚えたことが自信になる。

　単純に単語力だけでなく、今後の英語の勉強が効率良くなり、さらには自信にもつながりますよ。

ZONE

4

[単語601〜800]

	DATE	NOTE
Set 1	/	
Set 2	/	
Set 3	/	
Set 4	/	
Set 5	/	
Set 6	/	

ZONE 4

① / ② / ③ / ④ / ⑤ / ⑥

---

601 ☐☐☐☐☐☐

found [fáund]

foundation 名 土台・設立
founder 名 創設者

動 設立する

「名詞 foundation の動詞形」ということを意識しよう/found-founded-founded と変化 (find の過去形 found と混同しないように)。

---

602 ☐☐☐☐☐☐

semester
[səméstər]

名 学期

学年を 2 つ (semi=half) に分けたときの「学期」に使う/大学では「セメスター制」という言葉が使われることも。

---

603 ☐☐☐☐☐☐

emotional [ɪmóuʃənl]

emotion 名 感情

形 感情の・感情的な

「エモーショナル」とは「感情に訴えるような」ということ/「エモくて感極まってしまう」くらいのイメージ。

---

604 ☐☐☐☐☐☐

wit [wít]

名 頭の回転 (の速さ)

よく「機知」と訳されるが「アドリブで出る知恵・頭の回転の速さ」のイメージ/at my wit's end「頭の回転の限界 (end)」→「途方に暮れて」は早稲田大で出題。

---

605 ☐☐☐☐☐☐

attitude [ǽtət(j)ùːd]

名 態度

英検の面接試験の「アティチュード」という評価項目は、「お行儀」ではなく、あくまでも「コミュニケーションをとろうとする態度」のこと (何があっても黙っていてはいけない)。

178

606

cough [kɔ́:f]

名 咳 動 咳をする

音から生まれた単語で、日本語は「コンコン・ゴホゴホ」、英語は「コフコフ」→ cough, cough

607

second [sékənd]

名 秒

minute「分（1時間の60分の1）」に対して、second minute「2番目の60分の1」→「秒」が由来で、そこからsecondだけ使われるようになった。

608

strategy [strǽtədʒi]

名 戦略

ビジネス関係の英文で、marketing strategy「マーケティング戦略」と使われる／a strategy for preventing infection「感染予防策」

609

possess [pəzés]

possession 名（通例-s）所有物・所有・財産

動 所有している

サッカーのTV中継で使われる「ポゼッション（possession）」は「ボール所有率」のこと／possess three cars「3台の車を所有している」

610

brow [bráu]

名 まゆ

「アイブロー」とは「まゆ毛（eyebrow）を描く道具」だが、正確な発音は「アイブロー」ではなく「アイブラウ」

611

frontier [frʌntíər]

名 国境・辺境地・最先端

本来「前 (front) にある地域」→「端っこ」→「国境・辺境地」や、「前」→「最先端」の意味になった。

612

communication
[kəmjù:nıkéıʃən]

名 コミュニケーション（意思疎通）・伝達

下線部和訳問題でよく出る（「コミュニケーション」と訳しても自然な場合も多いが、単に「伝達」の場合もあるので、この訳語も忘れずに）。

613

linguist [líŋgwıst]

名 言語学者

linguistics「言語学」の専門家のこと／「言語論」は入試長文の超定番なので、linguist も超頻出単語 (-ist は「専門家」で pianist「ピアニスト」、dentist「歯科医」で使われる）。

614

following [fá:louıŋ]

follow **動** 後についていく・従う

形 次の・以下の

動詞 follow「後についていく」が -ing になって、「後についていくような」→「次の・以下の」／in the following way「以下の方法で」

615

consumer
[kəns(j)ú:mər]

consume **動** 消費する

consumption **名** 消費

名 消費者

producer「生産者・プロデューサー」の反対が consumer

616

combat
名[káːmbæt] 動[kəmbæt]

名 戦闘・対立
動 撲滅しようとする・交戦する

名詞は有名だが、入試では「何かの問題と戦う」の意味が重要／combat crime「犯罪と戦う（犯罪を防止する）」

617

election [ɪlékʃən]

elect 動（投票で）選ぶ

名 選挙

「選ぶこと」→「選挙」／英字新聞でも頻繁に見かける単語／win the election「その選挙に勝つ」

618

master [mæstər]

名 支配者・主人・習得者
動 習得する

「支配する」イメージで、「技術を支配する」→「習得する」、「支配する人」→「主人」、「学問を支配」→「修士」の意味も。

619

timely [táɪmli]

形 タイミングの良い

-ly は副詞が多いが、timely は形容詞という点が重要／"名詞+ly →形容詞"の知識は便利。よく「時を得た」と訳されるが、「タイミングの良い」と覚えれば十分。

620

extension [ɪksténʃən]

extend 動 延長する・広げる・広がる

名 延長

「エクステ（つけ毛）」は、この extension からきていて、「髪の長さを延長すること」／an extension of a deadline「締め切りの延長」

621

stuff [stʌ́f]

名 (漠然と) 物・素材

本来「詰める」→「詰められた物」で、things「物」や materials「物・物質」と同じ意味 (stuff 自体は不可算名詞)。

622

stock [stáːk]

名 株・在庫

stock prices「株価」／be out of stock「在庫切れである」

623

bill [bíl]

名 請求書・法案・紙幣

本来「紙切れ」で、bill がなまって日本語では「ビラ (チラシ)」という言葉が生まれた／「代金が書かれた紙切れ」→「請求書」、「紙のお金」→「紙幣」

624

productivity
[pròudʌktívəti]

productive 形 生産性がある
product 名 製品

名 生産性

productivity は語尾が同じ activity「行動」と一緒に「product するときの activity を高めたら productivity になる」と覚えよう。

625

isolation [àɪsəléɪʃən]

isolate 動 孤立させる

名 孤立

「島 (island) のように離れさせる」→「孤立させる」と覚えよう。

626

deserve [dɪzə́ːrv]

動 値する

「完全に (de) 役立つ (serve)」→「価値がある」／You deserve it.「君はその価値がある」（頑張って結果を出したとき、もしくは嫌みで「自業自得だよ」）

627

era [íərə]

名 時代

in the colonial era「植民地時代に」、in the era of fake news「フェイクニュースの（フェイクニュースがはびこる）時代に」

628

broadcast [brɔ́ːdkæ̀st]

動 放送する 名 放送・番組

「世間に広く (broad) 電波を投げる (cast)」→「放送する」（cast「投げる」は newscaster「ニュースを世間に投げる人」→「ニュースキャスター」で使われている）

629

inform [ɪnfɔ́ːrm]

動 知らせる

information の動詞バージョン「情報を与える」→「知らせる」／inform 人 of [that] ～「人 に～について知らせる」

information 名 情報

630

nevertheless [nèvərðəlés]

副 それにもかかわらず

ざっくりと、but・however のフォーマル版くらいに考えても OK

631

clue [klú:]

名 手がかり

元々は「糸」という意味（絡まった糸玉という説、ギリシャ神話で神が与えた道しるべの糸という説などがある）／「糸」→「糸口・手がかり・ヒント」

632

secondhand
[sèkəndhǽnd]

形 中古の・間接的な
副 中古で・間接的に

「2番目（second）に手で触れた（hand）」→「中古の・間接的な」／a secondhand pair of jeans「古着のジーンズ」

633

term [tə́:rm]

名 期間・用語・条件・間柄

核心「限られた一定空間」→「期間」「（限られた一定空間で使う）用語」／「限られた人と交わすもの」→「条件」「間柄」（この場合は複数形）

634

maximize [mǽksəmàɪz]

動 最大にする

「マックス（maximum）にする（ize）」

maximum **名 最大限**

635

innocent [ínəsənt]

形 無罪の・無知の

本来「害のない」→「無罪の・無邪気な・無知の」／insist that I am innocent「私は無実だと主張する」

636

territory [térətɔ̀:ri]

名 領域

「テリトリー」は「領域・縄張り」／British territory「イギリス領」

637

account [əkáunt]

名 説明・勘定・口座・(SNSなどの) アカウント 動 説明する・占める

核心「計算 (count) して説明する」／銀行で「計算して説明するもの」→「口座」／「Twitter アカウント」は「口座」イメージから。

638

previously [prí:viəsli]

previous 形 以前の

副 以前は

長文問題で He previously worked at a publishing company.「以前は出版社に勤めていた」ときたら、「今は違う」という展開を予想する。

639

complex [kɑːmpléks]

形 複合の・複雑な

「シネコン (cinema complex)」とは「映画館などが複合された・複雑な施設」／「劣等感」は inferiority complex で、complex だけで「劣等感」という意味はない。

640

consult [kənsʌ́lt]

consultant 名 相談を受ける人・コ ンサルタント

動 相談する・診てもらう・ (辞書を)調べる

「コンサル」とは「(専門家による)相談」のこと／「医者に相談する」→「診てもらう」、「辞書に相談する」→「調べる」

641 ■ ■ ■ ■ ■ ■

belief [bəlí:f]

belief 動 信じる

名 信じること

動詞 believe「信じる」の名詞形／辞書的に「信念・信仰・確信」と無理に訳さなくても、「信じること・思っていること」で十分。

642 ■ ■ ■ ■ ■ ■

essential [ɪsénʃəl]

形 本質的な・重要な

「本質・核をなす」イメージで、「どうしても必要」な感じ／「本質的な」は、当然「重要な」とも言える（こっちの意味のほうが長文では大事）

643 ■ ■ ■ ■ ■ ■

apart [əpá:rt]

副 離れて

プラモデルの分解をイメージして「部品（part）を離す」と覚えてしまおう／apart from 〜「〜から離れて・〜は置いといて」が重要。

644 ■ ■ ■ ■ ■ ■

competition
[kà:mpətíʃən]

compete 動 競争する・競う

名 競争・競技会

competition の compe をそのまま発音すると「コンペ」で、たとえば「ゴルフのコンペ」は「ゴルフの競技会」

645 ■ ■ ■ ■ ■ ■

height [háit]

high 形 高い

名 高さ

アパートに「○○ハイツ」という名前がつけられることがあるが、これは heights のこと（高いところに建てられたもののイメージ）。

646

caution [kɔ́:ʃən]

名 用心・警告 動 警告する

「用心しろと警告する」で 2 つの訳語を覚え
よう。

647

medication
[mèdəkéiʃən]

名 薬

medicine・medication、ともに「薬」と覚
えて OK

648

object
動 [əbdʒékt] 名 [á:bdʒɪkt]

objection 名 反対
objective 形 客観的な

動 反対する (object to -ing)
名 物・対象・目的・目的語

核心は「物を投げつける」→「反対する」／
「投げつける物・対象・目的」→「目的語
(SVO の O のこと)」

649

urge [ə́:rdʒ]

動 説得する・強く迫る

「追いやる」イメージで、「駆り立てる・説得
する・強く迫る・促す」となる。urge 囚 to
〜「囚 に〜するように説得する・強く迫る」
となる。

650

urgent [ə́:rdʒənt]

形 緊急の

urge「強く迫る」の形容詞形で「(迫りくるほ
ど)緊急の」／urgent business「急ぎの仕事」

651 ■■■■■■

creativity [krì:eɪtívəti]

creative 形 創造力のある
create 動 創造する

名 創造性

形容詞 creative「クリエイティブな・創造力のある」の名詞形で簡単なのだが、最近の入試では「創造性」に関する英文が増えているので、ここでしっかりとチェックを。

652 ■■■■■■

totally [tóutəli]

total 形 全部の・完全な

副 完全に・とても

まず形容詞 total「合計の」→「全部の・完全な」とイメージして、totally は「完全に」と考える／be totally unexpected「まったくの予想外である」

653 ■■■■■■

pillow [pílou]

名 枕

指輪(ring)を置くクッションのようなものを「リング・ピロー」と言い、文字通りには「指輪の枕」／a pillow fight「枕投げ」

654 ■■■■■■

ugly [ʌ́gli]

形 醜い

ハンバーガーショップ Burger King の季節限定商品「アグリーバーガー」は、パンにチーズが練りこまれた様子を自虐的に ugly と表現したもの。

655 ■■■■■■

luggage [lʌ́gɪʤ]

baggage 名 荷物(一式)

名 荷物(一式)

実は「荷物一式」という意味で、1つ1つの荷物を数えないため、不可算名詞扱い(baggage も同じ)。

656

digest
動[dɪdʒést] 名[dáɪdʒest]

動 消化する・理解する 名 要約

「今日の試合のダイジェスト」とは「きちんと内容を消化するための短縮版」／「頭の中で消化する」→「理解する」も入試では大事 (grasp「理解する」との言い換えが出る)。

657

tricky [tríki]

trick 名 いたずら・手品 動 だます

形 ずるい・ややこしい・巧妙な

trick には動詞「だます」という意味があり、tricky は「だますような」→「ずるい・ややこしい」／「トリッキーなプレー」は「ずるい」→「巧妙な・うまい」という意味。

658

exclude [ɪksklúːd]

exclusion 名 除外・排除
exclusive 形 排他的な・唯一の

動 締め出す・除外する

「外に (ex) 出して閉じる (clude=close)」→「締め出す・除外する」／移民問題・人種問題でよく使われる。

659

ambitious [æmbíʃəs]

ambition 名 野心

形 野心がある

Boys, be ambitious!「少年よ、大志を抱け」(札幌農学校で教えたクラーク博士の言葉で有名で、札幌に行った際はぜひ銅像を見に行こう)

660

fantasy
[fǽntəsi/fǽntəzi]

名 空想

発音は「ファンタスィー・ファンタズィー」両方OK／本来「想像・幽霊」→「空想」

661

elder [éldər]

形（兄弟姉妹間で）年上の

old の特殊な比較変化として、old – elder
– eldest と考えよう（つまり elder=older）／
my older brother=my elder brother「私の
兄」

662

recognize [rékəgnàiz]

動 識別できる

「再び (re) わかる (cognize)」→「以前知っ
ていたいものが、再び脳で再生される」イ
メージ。

663

horizon [həráizn]

名 水平線・地平線

本来「境界線」→「水平線・地平線」／just
above the horizon「水平線の真上に」

664

prove [prú:v]

proof 名 証拠

動 証明する・判明する

「証明する」→「証明された結果、〜だと判
明する・わかる」／prove to be 〜「〜だと
わかる」(=turn out to be 〜) の形で頻出。

665

mist [míst]

名 霧

「ヘアミスト・ミスト状のスプレー」とは「霧
みたいに噴射されるスプレー」のこと。

666

form [fɔ́:rm]

名 形・用紙　動 形作る

スポーツで使う「フォーム」とは「動作の形」のこと／長文では、前置詞 from と見間違いやすいので注意。

667

blood [blʌ́d]

名 血液

プロフィール欄の「血液型」には blood type と書かれていることがある／blood は oo を「ア」と読む特別な発音で、よく入試で狙われる。

668

reputation
[rèpjətéiʃən]

名 評判

have a good reputation「評判が良い」、have a bad reputation「評判が悪い」

669

edition [idíʃən]

editor 名 編集者
editorial 形 編集の 名 社説

名 (刊行物の)版

日本でもよく見かけるのが、second edition「第2版」や、ゲーム・音楽業界での「○○エディション（○○版）」などの表示。

670

silly [síli]

形 愚かな

本来「おめでたい（ほど愚かな）」／silly superstition「ばかげた迷信」を「そんなの信じておめでたいね、愚かだね」というイメージで覚えよう。

ZONE 4

671	☐☐☐☐☐☐

production
[prədʌ́kʃən]

produce 動生産する 名農産物
productivity 名生産性
product 名製品

名生産・生産量

「芸能プロダクション」は「芸能人・番組を生産・制作する会社」／mass production「大量生産」

672	☐☐☐☐☐☐

security [sɪkjúərəti]

名安全・警備

「セキュリティー」は「安全」のこと／ビルの警備員の制服に SECURITY とよく書かれている。

673	☐☐☐☐☐☐

cure [kjúər]

動治す 名治療・回復

care「世話・気遣い」と語源に関連があり、「世話する・癒す」イメージ。

674	☐☐☐☐☐☐

lower [lóuər]

動下げる 形低いほうの

low の比較級 lower「より低い」という意味／lower がそのまま動詞になって「下げる」／lower the risk of disease「病気のリスクを下げる」

675	☐☐☐☐☐☐

indoor [índɔ̀:r]

形屋内の

対義語 outdoor「屋外の」が有名なのでセットでチェックしておこう／indoor type「外に出ないタイプ」は陰キャのイメージで。

676 ■ ■ ■ ■ ■

crisis [kráɪsɪs]

名 危機

「不安定で危うい」イメージ／雑誌で「○○クライシス」(○○の危険性) のような言葉を見かけることも／financial crisis「経済危機」

677 ■ ■ ■ ■ ■

efficient [əfíʃənt]

inefficient 形 能率の悪い

形 有能な・効率的な

「大きなパワー・時間を使わずにスムーズに作業が進む」イメージ／副詞の work efficiently「効率よく働く」も大切。

678 ■ ■ ■ ■ ■

cell [sél]

名 小部屋・細胞

本来「小部屋」→「細胞」となった (細胞は 1つ1つが小部屋のようなので)／cell phone「携帯電話」は「地域を細胞のように分割してアンテナを張る電話」

679 ■ ■ ■ ■ ■

injure [índʒər]

injury 名 ケガ

動 ケガをさせる

「ケガをする」ではなく、「ケガをさせる」／受動態 be injured「ケガさせられる」→「ケガする」

680 ■ ■ ■ ■ ■

soften [sɔ́:fn]

soft 形 柔らかい・穏やかな

動 柔らかくする・和らげる

本来「ソフト (soft) を中にこめる (en)」→「柔らかくする・和らげる」／発音は soften の t を読まずに「ソフン」(often「しばしば」と同じ感じ)

681

strictly [stríktli]

strict 形 厳しい

副 厳密に

形容詞 strict は「厳しい」/strictly speaking「厳密に言えば」

682

boast [bóust]

動 自慢する・誇る

boast の音もつづりも目一杯「膨らんだ」感じで、「自慢する」という意味に/「イヤミな自慢」に使われることが多いが、「誇る・誇りに思う」でも OK

683

tidy [táidi]

形 きちんとした 動 片付ける

neat[clean] and tidy「綺麗できちんとしている（片付いている）」の形でよく使われる。

684

bark [bá:rk]

動 (犬などが) ほえる
名 ほえ声

Barking dogs seldom bite.「ほえる犬はめったにかみつかない」はことわざ (脅しを言う人ほど怖くないという意味)。

685

careless [kéərləs]

形 不注意な

「ケアレスミス」は careless mistake でもいいが、stupid[silly] mistake と言うことも多い。「ケアレスミスが多くて」とヘラヘラせず、「愚かなミス」と認めて次は絶対にミスるな。

686

ash [ǽʃ]

名 灰 動 灰にする

ヘアカラー「アッシュグレー」で使われている（灰色の色合いの中で「炭」に近いからだと思う）。

687

motion [móuʃən]

名 動き・運動

「スローモーション」は「ゆっくりな動き」／move「動く・引っ越す」と語源が同じ／the motion of the waves「波の動き」

688

lie [lái]

動 いる・ある・嘘をつく

「横たわる」と習うが「いる・ある・横になる」のほうが便利。さらに「嘘をつく」という意味も（変化は -ed をつけるだけ）／lie to him「彼に嘘をつく」

689

narrative
[nǽrətɪv]

narration 名 語り・叙述
narrate 動 語る・述べる

名 話・物語

「ナレーション・ナレーター」と同じ語源／「（ナレーションに値する）話」のこと。

690

dispose [dɪspóuz]

disposable 形 使い捨ての
disposal 名 処分

動 処分する

「離して (dis) 置く (pose)」→「遠くへ捨てる」→「処分する」／dispose of ～「～を処分する」の形が大事。

691

jealous [ʤéləs]

jealousy 名 嫉妬

形 嫉妬して

feel jealous seeing my ex-girlfriend with her new boyfriend「元カノが新しい彼氏と一緒にいるのを見かけて嫉妬する」(seeing「見ながら」は分詞構文)

692

element [éləmənt]

名 要素

フィギュアスケートの採点で「エレメンツ (elements)」と使われているが、これは採点する際の「要素 (ジャンプ・スピンなど)」を表す。

693

pleased [plí:zd]

形 喜んで・満足して

(命令文につける please ではなく) 動詞 please「喜ばせる」の過去分詞で、直訳「喜ばせられた」→「喜んで・満足して」/ I'm pleased with ~「私は~に満足している」

694

threat [θrét]

threaten 動 脅かす

名 脅威

「グッと押しつけられるもの」というイメージ/ the threat of terrorism「テロの脅威」

695

concentrate
[ká:nsəntrèit]

concentration 名 集中

動 集中する

concentrate には center が隠れている。「自分の意識を中心 (center) に集める」→「集中する」(「集中」という字も「中心に集める」)

696

simply [símpli]

simple 形 単純な・シンプルな

副 単に

「シンプルに・単に・単純に」という意味／
to put it simply「簡単に言えば」(この put
は「(言葉を) 置く」→「言う」)

697

adequate [ǽdɪkwət]

adequately 副 十分に・適当に

形 十分な・適切な

形容詞 equal「イコールの・等しい」、動詞
equate「等しくする」と関連があり、「合格
ラインに向けて (ad) 等しくした (equate)」
→「十分な・適切な」

698

interrupt [ìntərʌ́pt]

interruption 名 妨害・中断

動 邪魔をする・中断する

「〜の間で (inter) 壊す (rupt)」→「邪魔する・
中断する」／interrupt the conversation「会
話に割り込む」

699

intellectual
[ìntəléktʃuəl]

intellect 名 知性

形 知的な

名詞 intellect「知性」は human intellect「人
間の知性」などで使う／「知性 (intellect) に
関する (al)」→「知的な」／intellectual
property「知的財産」

700

grammar [grǽmər]

名 文法

本来は「グラマラス (glamorous)」の名詞
glamour「うっとりさせる魅力」と同じ語源
／文法が使えるのは魔法のように思われた
ことから (素敵なお話)。

197

701

latest [léɪtɪst]

形 最新の 副 最も遅く

late の最上級 latest は「(世に出たのが) 一番遅い」→「一番後の」→「最も新しい」／the latest episode of ○○「○○の最新話」(○○には好きなドラマやアニメを)

702

knit [nít]

動 編み物をする

毛糸の帽子のことを「ニット帽」と言うが、「編む」からきたもの／本来「結び目 (knot) を作る」／無変化動詞 (knit – knit – knit)

703

disaster
[dɪzǽstər]

名 災害

a natural disaster「自然災害」

704

suggestion
[səgdʒéstʃən]

suggest 動 提案する・示唆する

名 提案・暗示

日本のビジネスで提案の際に「サジェスチョンを与える」と使うことがある／make a suggestion for a new product「新商品の提案をする」

705

finance
名[fáɪnæns] 動[fənǽns]

financial 形 財政上の

名 金融・財政 動 融資する

「ファイナンス」は「お金関係」のイメージ。

706

financial [fənǽnʃəl]

financially 副 財政的に

形 財政の

「ファイナンシャルプランナー」は「将来の資金計画をアドバイスする人」／face financial difficulty「財政上の困難に直面する」

707

community
[kəmjúːnəti]

名 地域社会・共同体

意外と訳せないので注意／「同じ土地に住み、習慣などを共有する地域社会」

708

effect [əfékt]

effective 形 効果的な

名 結果・効果・影響

「外に(ef=ex)出てきたもの(fect)」→「結果・効果・影響」／disastrous effects on the Earth「地球への甚大な影響」は立教大で出た。

709

charger [tʃáːrdʒər]

名 (バッテリーの)充電器

この単語を強調する単語帳はかつてなかっただろうが、もはや生活必需品なので、英語でも覚えておくべき(海外旅行でも役立つ)。

710

prior [práɪər]

priority 名 優先(事項)

形 前の
前 (prior to ～で)～より前に

prior to ～「～より前に」の形が重要(この to は前置詞なので、prior to で1つの前置詞とみなしてしまおう。

199

711　■ ■ ■ ■ ■ ■

anxiety [æŋzáiəti]

anxious 形 心配な・切望する

名 心配・不安・切望

本来「胸のドキドキ」で、心配・不安などの意味が生まれる（「アンザイァティ」という響きも不安をあおるような…）／「プラスのドキドキ」から「切望」

712　■ ■ ■ ■ ■ ■

reflect [rɪflékt]

reflection 名 反射・反映・表れ

動 反射する・反映する・表す

「元の方向へ (re) 曲げる (flect)」→「反射する」→「反映する・表す」／reflect public opinion「世論を反映する（表す）」

713　■ ■ ■ ■ ■ ■

terrific [tərífik]

形 ものすごい・素晴らしい

本来「恐ろしい（マイナス）」→「ものすごい（中立）」→「素晴らしい（プラス）」に変化／日本の若者が使う「ヤバい」と同じでプラスでも使える。

714　■ ■ ■ ■ ■ ■

journey [dʒə́:rni]

名 旅行・通勤・通学

フランス語 jour「1 日」が語源で、「1 日がかりの移動」→「旅行」／本来、陸上移動の長い旅行を指したが、今では短いものや、陸路以外にも使える。

715　■ ■ ■ ■ ■ ■

rumor [rú:mər]

名 うわさ

本来「やかましい声や雑音」／噂好きの人がゴチャゴチャと騒ぐ様子を「ルーマー、ルーマー」と表現した／君たちはくだらない rumor に負けず今日もやり切れ。

716

intelligence
[ɪntélɪdʒəns]

名 知能

AI は artificial intelligence「人工知能」
(p.131 の 418)／IQ（知能指数）は intelligence
quotient (quotient は受験レベルを超えている
ので覚えなくて OK だが参考までに)

717

dirt [də́ːrt]

dirty 形 汚い

名 ほこり・泥

形容詞 dirty「汚い」の名詞形だと知れば簡
単かと／本来は「鳥のフン」→「汚い物・ほ
こり・泥」などの意味になった。

718

summit [sʌ́mɪt]

名 頂上・先進国首脳会議
動 登頂する

「サミット」と言えば「先進国首脳会議」のこ
とで、「世界の頂上を目指す国の、頂上に
いる人たちの会議」と考えてみよう。

719

suitable [súːtəbl]

形 ふさわしい

動詞 suit「合う・似合う」から、「似合うよう
な・ふさわしい・都合がよい・適した」など
の訳語になる／a suitable place to live「住
むのにふさわしい場所」

720

repeatedly [rɪpíːtɪdli]

repeat 動 繰り返す
repeated 形 繰り返された・繰り返
して言われる

副 繰り返して

本来は過去分詞の repeated「繰り返され
た・繰り返して言われる」を副詞化したもの。

721

promotion
[prəmóuʃən]

promote 動 促進する・昇格する

promotional 形 宣伝用の

名 促進・昇進

「プロモーションビデオ」は「曲の販売を促進するための映像」／ビジネスでは「促進」→「前に進むこと」→「昇進」の意味が大事。

722

entertainment
[èntərtéinmənt]

entertain 動 楽しませる

名 娯楽・気晴らし

「エンターテイメント」は「人を楽しませる娯楽」／芸能業界から些細なこと（ちょっとした楽しみ・気晴らし）まで使える。

723

blow [blóu]

動 吹く 名 強打・打撃・災難

「髪をブローする」は「ドライヤーで風を吹きつける」（英語の発音は「ブロウ」）／格闘技で、風が吹くかのごとく「強打」を入れるのが「ボディーブロウ」

724

wisdom [wízdəm]

wise 形 賢い

名 知恵

wise は豊かな人生経験から知恵が身についた感じ（intelligent や smart は「頭の回転が速い」）／conventional wisdom「広く受け入れられた知恵」→「社会通念」

725

popularity
[pà:pjəlérəti]

popular 形 人気のある・一般的な

名 人気・人望

形容詞 popular は people と関連があり、「多くの人々（people）に知られている」→「人気のある」で、その名詞形が popularity

---

726

agency [éɪdʒənsi]

agent 名 仲介者・代理人

名 代理店

travel agency「旅行代理店」は旅行する人の手続き・チケット取得を代理してくれる機関。

727

rush [rʌ́ʃ]

動 急いで行く 名 急ぐこと

「ラッシュアワー (rush hour)」は「電車の中に人が急いで殺到する時間」／朝、学校にrush するイメージで／in a rush「大急ぎで」

728

arithmetic [əríθmətìk]

名 算数

昔の日本では「読み書きそろばん」が基本と言われたが、英語では 3R で、Reading, Writing and Arithmetic と言われる（「最後はRの発音じゃないだろ」と言いたいが）。

729

scale [skéɪl]

名 規模

「スケールが大きい」とは「規模が大きい」／on a large scale「大規模で」

730

attempt [ətémpt]

動 試みる 名 試み

「〜へ向けて (at) 気持ちが動く (tempt)」／attempt to 〜「〜することを試みる」／tryの硬いバージョン。

731

nourish [nə́:rɪʃ]

nourishment 名栄養

動育てる

本来「栄養を与えて育てる」／nurse「看護師」と関連があるので、「ナースが栄養を与えて育てる」と覚えよう。

732

connection [kənékʃən]

connect 動つなぐ

名接続・関係

「コネ（コネクション）がある」は「人とつながりがある」／最近では「電波の接続」も大事で、have a bad connection「（スマホなどの）接続が悪い」

733

anticipate [æntísəpèɪt]

動予想する

「前もって頭の中で考える」というイメージ／anticipate the future「未来を予想する」／似た意味で foresee (p.95 の 290) を選ばせる問題が東洋英和女学院大で出題。

734

concern [kənsə́:rn]

concerning 前～に関して

名関係・関心・不安 動関わらせる・関心を持たせる・心配させる

核心は「関係・関心」→関心が度を増すと「不安・心配」（好きだからこそ心配しちゃうイメージ）／a major concern「主な関心事」

735

business trip [bíznəs tríp]

名出張

「仕事の (business) 旅行 (trip)」→「出張」／make a business trip to Singapore「シンガポールへ出張する」

736

address [ədrés/ǽdres]

動 向ける・演説する・取りかかる
名 住所・メールアドレス・演説

本来「ぼ～んと向ける」→「話をぼ～んと向ける」→「演説する」、「自分の意識をぽ～んと向ける」→「取りかかる」

737

cultivate [kʌ́ltəvèit]

cultivation 名 耕作

動 耕す

culture「文化」は元々「心を耕す」→「文化」／cultivate many extraordinary friendships「たくさんの素晴らしい友情を育む」は東京理科大で出題。

738

humid [hjú:mɪd]

humidity 名 湿気・湿度

形 湿気のある

日本で外国人と話すと、天気の話でよく使われる（日本の湿気はキツいらしい）／「（人間は水で作られているので）human は humid だ！」と覚えてしまおう。

739

ambition [æmbíʃən]

ambitious 形 野心がある

名 野心

ambition to become a famous singer「有名な歌手になるという野心」／「野心・野望」は「これから～すること」という含みを持つので、未来志向の to 不定詞と相性が良い。

740

earn [ə́:rn]

動 稼ぐ・得る

本来「農作物を収穫する」→「（お金を）稼ぐ」／earn 1200 yen per hour「1 時間で 1200 円を得る（時給 1200 円だ）」

741

flow [flóu]

動 流れる

「キャッシュフロー」は「お金の流れ」(発音は「フロウ」)

742

shorten [ʃɔ́ːrtn]

short 形 短い

動 短くする

「短さを (short) 中にこめる (en)」→「短くする」/せわしない昨今、「時短」が求められるだけに、ますます使われそうな単語。

743

bookshelf [búkʃèlf]

名 本棚

「本 (book) を置く棚 (shelf)」/部屋の見取り図が出る問題やリスニングで使われそうな単語。

744

ahead [əhéd]

副 前方に

「頭 (head) が向いた方向に」→「前方に」/Go ahead.「お先にどうぞ/OK、いいですよ」は会話で重要。

745

modest [mάːdəst]

形 謙虚な・適度な

「形式・尺度 (mode) にきっちりはまった」→「度を越えない」→「謙虚な・控えめな」/人以外にも使える (modest price「廉価 (れんか)」)。

🔊 TRACK75 [741-750]

---

746 ◼◼◼◼◼

emergency
[ɪmə́:rdʒənsi]

名 緊急事態

declare a state of emergency「緊急事態宣言を発する」(declare は p.52 の 124)

---

747 ◼◼◼◼◼

function [fʌ́ŋkʃən]

名 機能

パソコンのキーボードで「(F4 などの) ファンクションキー (function key)」は「いろんな機能が使えるボタン」

---

748 ◼◼◼◼◼

casual [kǽʒuəl]

形 打ち解けた・何気ない

「事件 (casu=case) 的な」→「偶然の」→「(偶然で準備できず) カジュアルな・打ち解けた・何気ない」などの意味になる。

---

749 ◼◼◼◼◼

hopeful [hóupfl]

形 希望を持っている

「希望 (hope) がいっぱいの (ful)」／難関大入試では optimistic「楽観的な」との言い換えも押さえておこう。

---

750 ◼◼◼◼◼

possibly [pá:səbli]

possible 形 ありうる・可能な

副 ひょっとしたら

Could you possibly tell me ～?「～をひょっとしたら教えることはできますか?」→「よろしければ～を教えて頂けませんか?」と、ちょっと丁寧にする働きがある。

751

soil [sɔ́ɪl]

名 土壌

本来「生きる場所」→「(植物などが) 生きる場所」→「土壌」／「植物を育てる土」というニュアンスがある (dirt は単に「土・汚れ」)。

752

thrill [θríl]

動 わくわくさせる

thrilling 形 わくわくさせるような
thrilled 形 わくわくして

「スリル満点」というイメージは捨てよう。「テンション MAX、心臓バクバク、happy と excited が混ざった気持ち」に使う。

753

leap [líːp]

動 跳ぶ

le- が「グーンと伸びる」イメージで、「跳ぶ」、さらに「(結論に) 跳びつく」と比喩的にも使われる。

754

locally [lóukəli]

副 現地で・その土地で

local 形 地元の・現地の

「ローカル = 地方」の発想は間違いで、本当は「その土地の」というイメージ／locally famous「地元で有名」

755

internal [ɪntə́ːrnl]

形 内部の・国内の

external 形 外部の・対外的な

本来「内部の (inter)」→「国の内部の」→「国内の」

756

ordinary [ɔ́:rdənèri]

形 普通の

「正常な状態 (ordin=order)」→「普通の」／
an ordinary high school student「ごく普
通の高校生」でも 1000 単語は達成できる!

757

passive [pǽsiv]

形 受動的な・消極的な

「passive な陰キャ」と覚えるか、タバコが
嫌いなら passive smoking「受動喫煙」で、
英文法が嫌いなら「受動態」をカッコよく
passive voice と言い換えて覚えよう。

758

ignore [ɪgnɔ́:r]

動 無視する

ignorance 名 無知

「人」以外にも、「提案を無視する (ignore
one's proposal)」「元カレからのメッセージ
を無視する (ignore a message from my ex-
boyfriend) など、いろいろと無視できる。

759

polish [pá:lɪʃ]

動 磨く

本来「滑らかにする」→「(滑らかになるまで)
磨く」／polish my shoes until they shine
「ピカピカになるまで自分の靴を磨く」／ち
なみに「歯を磨く」には brush を使う。

760

aggressive [əgrésɪv]

形 攻撃的な・積極的な

サッカーなどで使われる「アグレッシブなプ
レー」とは、果敢に攻めて「攻撃的」だった
り、「積極的なプレー」のこと。

761

code [kóud]

名 規則・記号・暗号

「ドレスコード (a dress code)」は「服装の決まり・規則」、「QR コード (a QR code)」は「情報の記号・暗号化」

762

silence [sáiləns]

silent 形 静かな

名 静けさ・静寂・沈黙

形容詞 silent はスマホの「サイレント (silent) モード (mode)」で使われる／stand in silence「黙ったまま立つ」

763

instrument
[ínstrəmənt]

名 道具・楽器

本来「道具」→「演奏する道具」→「楽器」／ボーカルなしの楽器演奏だけの曲を「インストゥルメンタル (instrumental「楽器の」)」と言うことがある。

764

colleague [ká:li:g]

名 同僚

college「大学」と見間違えないように／「一緒に (co) 集まり・リーグ (league) を作る人」→「同僚」

765

sight [sáit]

名 目にすること・視力・光景

「see するもの」→「目にすること・視力・光景」／at the sight of ～「～を見て」／海外旅行では sightseeing「観光」という単語をよく使う。

766

upstairs [ʌ́pstéərz]

副 上の階へ

「上のほうへ向かった (up) 階段 (stairs)」→「上の階へ」／名詞「上の階」、形容詞「上の階の」もあるが、副詞「上の階へ」が一番大事。

767

downstairs
[dáunstéərz]

副 下の階へ

「下へ (down) 階段 (stairs) を降りる」→「下の階へ」／デパートやオフィスビルでの道案内でよく使われる。

768

holy [hóuli]

形 神聖な

Christmas carol『きよしこの夜』の "Silent night, holy night" は聞いたことがあるはず。

769

leisure [líːʒər]

名 余暇

本来「暇な時間」／日本語「レジャー」のように必ずしも「娯楽」を意味するとは限らない／spend my leisure time reading books「自由な時間を読書をして過ごす」

770

delicate [délɪkət]

delicately 副 繊細に

形 敏感な・扱いにくい

「デリケート」とは「繊細な・敏感な・弱い」という意味で、「敏感」だからこそ「扱いにくい・慎重な」となった／a delicate balance「微妙なバランス」

771

championship
[ʧǽmpiənʃip]

champion 名 優勝者

名 選手権（大会）

スポーツの大会でよく使われる単語／「チャンピオン（champion）を決める試合」と考えよう／win the championship「選手権を勝ち取る・優勝する」

772

beverage
[bévərɪʤ]

名 飲み物

キリンビバレッジは「飲み物」の会社／オシャレな店のメニューでよく使われている。

773

cash [kǽʃ]

cashless 形 現金のいらない

名 現金

銀行の「キャッシュカード」はあくまで「現金を扱うカード」なので、cash 自体は「現金」という意味。

774

control [kəntróul]

動 支配する・（感情を）抑える・駆除する

「支配する」以外の意味をチェック／「放っておくと下から湧き上がってくるものに、上から蓋をして潰していく」イメージ。

775

punish [pʌ́nɪʃ]

punishment 名 罰

動 罰する

「パンっと（pun）叩いて罰を与える」と考えよう（実は pun は本来「罰」の意味）／「法的に罰する・子どもを罰する（叱る）」両方の場合に使える。

---

776 ■■■■■■

division [dɪvíʒən]

divide 動 分ける

名 分割

入試では the division of labor「分業」／ビジネスでは the sales division「営業部」／学校では division「割り算」／アニメでは First Division「一（壱）番隊」

---

777 ■■■■■■

alike [əláik]

形 似ている 副 同じように

前置詞 like「〜のような」の形容詞バージョンくらいのイメージで。

---

778 ■■■■■■

ancient [éɪnʃənt]

形 古代の

なんとなくゴロがいい the ancient Egyptians「古代エジプト人」を何度か発音して覚えよう（エインシャント・エジプシャンズ）。

---

779 ■■■■■■

choice [tʃɔ́ɪs]

choose 動 選ぶ

名 選択

「良いチョイス」とは「良い選択（の仕方）」／have no choice but to 〜は「〜する以外の選択肢がない」→「〜するしかない」という重要熟語（この but は「〜以外の」）。

---

780 ■■■■■■

curiosity [kjùəriá:səti]

curious 形 好奇心が強い・詮索好きな

名 好奇心

教育論でキーワードになる単語／out of curiosity「好奇心から」

781

nonetheless
[nʌ̀nðəlés]

副 それにもかかわらず

「その分だけ (the) 少なくなる (less) ことは
ない (none)」→「それにもかかわらず」／
上の the は指示副詞「その分だけ」という
マニアックな用法なのでスルー推奨。

782

profit [prɑ́:fət]

profitable 形 利益になる

名 利益

いろいろな「利益」を表せるが、実際には「金
銭的な利益 (儲け)」が多い／make a profit
「利益を得る」の形が重要。

783

response [rɪspɑ́:ns]

名 反応・返答

SNS やメールの「レス」で使われる／give
人 a quick response「人に即レスする」

784

nowadays [náuədèɪz]

副 最近

「今 (now) を含んだ数日 (days)」→「最近」
／長文問題では「昔と違って最近は・今日
では」というイメージで「現在形と一緒に使
われる」ことが多い。

785

condition [kəndíʃən]

名 状態・状況・条件

「条件」の 意味に注意／agree on the
condition that ～「～という条件でなら、
同意する」(同格の that)

786

conceal [kənsíːl]

動 隠す

化粧品「コンシーラー (concealer)」は「肌の
シミ・クマを隠すもの」／化粧品に詳しくな
い人は「シールで隠す」と覚えてしまおう。

787

wooden [wúdn]

形 木製の

製品の紹介をするときに使われるので、広
告文の問題・リスニングで注意。

788

shocking [ʃáːkɪŋ]

形 衝撃的な

日本語の「ショッキング」と違って、必ずし
も「悲しませるような」とは限らず、「電気
ショック (shock) を与えるような」→「衝撃
的な」をまずは考えよう。

789

fortunate [fɔ́ːrtʃənət]

fortune **名** 幸運
fortunately **副** 幸運にも

形 幸運な

名詞 fortune「幸運」、形容詞 fortunate「運
の良い・幸運な」、副詞 fortunately「幸運
にも」と、品詞をしっかり意識／a fortunate
event「幸運な出来事」

790

faith [féɪθ]

名 信頼・信仰

「信頼」→「宗教を信頼」→「信仰」／have
faith in ～「～に信頼を寄せている」

791

brand [brǽnd]

brand-new 形 真新しい・最新の

名 銘柄 動 烙印を押す

日本語の「ブランド」は高級メーカーを指すが、brand は高級に限らない／本来「（家畜に）焼き印を押す（burn「焼く」と関連あり）」→「焼き印で銘柄を入れる」→「烙印を押す」

792

parasite [pérəsàit]

名 寄生虫・居候

「実家に居候している人」を「寄生虫」にたとえて、日本語でも「パラサイト」と使われることもある。

793

postpone [poustpóun]

動 延期する

「ポウストポウン」とダラダラ発音して、「先延ばし・延期」の感じを焼き付けよう。ただし単語の勉強は postpone しないこと。

794

convince [kənvíns]

動 納得させる・確信させる

「させる」というのがポイント／「納得する・確信する」という場合は、be convinced of 〜「〜に納得・確信させられている」の形。

795

conference
[ká:nfərəns]

名 会議

会議室を「カンファレンスルーム」と言うことがある／leave for a conference「会議に出かける」は青山学院大で、press conferences「記者会見」は早稲田大で出た。

796 ■ ■ ■ ■ ■ ■

global warming
[glóubl wɔ́:rmɪŋ]

名 地球温暖化

この単語が単語帳の「見出し」として扱われることはおそらくないと思うが、global warming「地球温暖化」はあまりにも重要なので、ぜひチェックを。

797 ■ ■ ■ ■ ■ ■

idle [áɪdl]

形 怠けた 動 アイドリングする

「スカスカ・空回り・怠けている」イメージ／idol「アイドル・偶像」とは違う（発音は同じ）／「アイドリングストップ」は「空回しをやめよう」ということ。

798 ■ ■ ■ ■ ■ ■

evidence [évədəns]

名 証拠

evident 形 明白な

「確固たるエビデンスがある」とは「確かな証拠がある」ということ。日本語でも、最初はビジネスで使われ始めたが、今ではワクチンの話やネットの議論でも使われる。

799 ■ ■ ■ ■ ■ ■

inspect [ɪnspékt]

動 検査する・視察する

本来「中を (in) 見る (spect)」→「検査する」（spect は spectator「観客」などに使われている）

800 ■ ■ ■ ■ ■ ■

doubt [dáut]

動 疑う（～ではないと思う） 名 疑い

doubtful 形 疑わしい

「疑心暗鬼」の感じ／don't think に近い／「1000 単語暗記法」は最初はみんな doubt するが、そろそろ信用してもらえるだろうか。

次の(1)〜(5)の単語の意味を、① 〜⑤ から選びなさい。

1 (1) stuff (2) fantasy (3) indoor (4) bill (5) following

① (漠然と)物・素材 ② 次の・以下の ③ 請求書・法案・紙幣 ④ 空想 ⑤ 屋内の

A (1) ① (2) ④ (3) ⑤ (4) ③ (5) ②

2 (1) found (2) possess (3) competition (4) creativity (5) cure

① 所有している ② 設立する ③ 競争・競技会 ④ 創造性 ⑤ 治す／治療・回復

A (1) ② (2) ① (3) ③ (4) ④ (5) ⑤

3 (1) account (2) leisure (3) agency (4) cash (5) isolation

① 余暇 ② 代理店 ③ 現金
④ 説明・勘定・口座・(SNSなどの)アカウント／説明する・占める ⑤ 孤立

A (1) ④ (2) ① (3) ② (4) ③ (5) ⑤

4 (1) maximize (2) ahead (3) essential (4) instrument (5) nevertheless

① 道具・楽器 ② 本質的な・重要な ③ 前方に ④ それにもかかわらず ⑤ 最大にする

A (1) ⑤ (2) ③ (3) ② (4) ① (5) ④

5 (1) horizon (2) popularity (3) latest (4) jealous (5) narrative

① 話・物語 ② 水平線・地平線 ③ 最新の／最も遅く ④ 嫉妬して ⑤ 人気・人望

A (1) ② (2) ⑤ (3) ③ (4) ④ (5) ①

6
(1) **possibly** (2) **territory** (3) **form** (4) **bark**
(5) **caution**

① 領域　② 用心・警告／警告する　③ （犬などが）ほえる／ほえ声　④ ひょっとしたら
⑤ 形・用紙／形作る

A　(1) ④　(2) ①　(3) ⑤　(4) ③　(5) ②

7
(1) **alike** (2) **element** (3) **promotion** (4) **condition**
(5) **soil**

① 要素　② 促進・昇進　③ 似ている／同じように　④ 状態・状況・条件　⑤ 土壌

A　(1) ③　(2) ①　(3) ②　(4) ④　(5) ⑤

8
(1) **nowadays** (2) **soften** (3) **adequate** (4) **attitude**
(5) **connection**

① 態度　② 接続・関係　③ 十分な・適切な　④ 最近　⑤ 柔らかくする・和らげる

A　(1) ④　(2) ⑤　(3) ③　(4) ①　(5) ②

9
(1) **flow** (2) **holy** (3) **strictly** (4) **term**
(5) **simply**

① 単に　② 神聖な　③ 流れる　④ 厳密に　⑤ 期間・用語・条件・間柄

A　(1) ③　(2) ②　(3) ④　(4) ⑤　(5) ①

10
(1) **delicate** (2) **colleague** (3) **prove** (4) **internal**
(5) **code**

① 同僚　② 証明する・判明する　③ 規則・記号・暗号　④ 内部の・国内の
⑤ 敏感な・扱いにくい

A　(1) ⑤　(2) ①　(3) ②　(4) ④　(5) ③

次の(1)〜(5)の単語の意味を、①〜⑤から選びなさい。

11
(1) **charger**　(2) **pleased**　(3) **dispose**　(4) **fortunate**　(5) **summit**

① 幸運な　② 処分する　③ (バッテリーの)充電器　④ 喜んで・満足して
⑤ 頂上・先進国首脳会議／登頂する

A　(1) ③　(2) ④　(3) ②　(4) ①　(5) ⑤

12
(1) **belief**　(2) **inform**　(3) **journey**　(4) **urge**　(5) **arithmetic**

① 説得する・強く迫る　② 信じること　③ 知らせる　④ 旅行・通勤・通学　⑤ 算数

A　(1) ②　(2) ③　(3) ④　(4) ①　(5) ⑤

13
(1) **wooden**　(2) **rumor**　(3) **downstairs**　(4) **master**　(5) **era**

① うわさ　② 支配者・主人・習得者／習得する　③ 木製の　④ 時代　⑤ 下の階へ

A　(1) ③　(2) ①　(3) ⑤　(4) ②　(5) ④

14
(1) **object**　(2) **frontier**　(3) **knit**　(4) **brand**　(5) **lie**

① 国境・辺境地・最先端　② いる・ある・嘘をつく　③ 反対する／物・対象・目的・目的語
④ 編み物をする　⑤ 銘柄／烙印を押す

A　(1) ③　(2) ①　(3) ④　(4) ⑤　(5) ②

15
(1) **scale**　(2) **convince**　(3) **postpone**　(4) **productivity**　(5) **cell**

① 延期する　② 規模　③ 納得させる・確信させる　④ 生産性　⑤ 小部屋・細胞

A　(1) ②　(2) ③　(3) ①　(4) ④　(5) ⑤

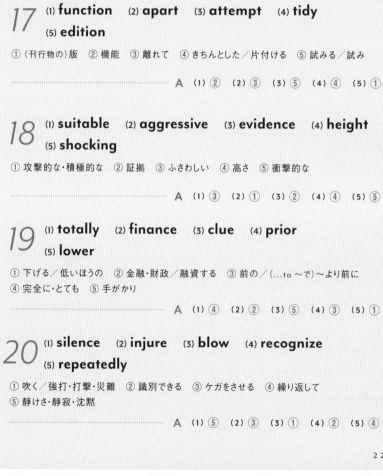

16 (1) **locally** (2) **passive** (3) **casual** (4) **elder** (5) **exclude**

① 打ち解けた・何気ない ② 受動的な・消極的な ③ 現地で・その土地で
④ (兄弟姉妹間で)年上の ⑤ 締め出す・除外する

A (1) ③ (2) ② (3) ① (4) ④ (5) ⑤

17 (1) **function** (2) **apart** (3) **attempt** (4) **tidy** (5) **edition**

① (刊行物の)版 ② 機能 ③ 離れて ④ きちんとした／片付ける ⑤ 試みる／試み

A (1) ② (2) ③ (3) ⑤ (4) ④ (5) ①

18 (1) **suitable** (2) **aggressive** (3) **evidence** (4) **height** (5) **shocking**

① 攻撃的な・積極的な ② 証拠 ③ ふさわしい ④ 高さ ⑤ 衝撃的な

A (1) ③ (2) ① (3) ② (4) ④ (5) ⑤

19 (1) **totally** (2) **finance** (3) **clue** (4) **prior** (5) **lower**

① 下げる／低いほうの ② 金融・財政／融資する ③ 前の／(...to ～で)～より前に
④ 完全に・とても ⑤ 手がかり

A (1) ④ (2) ② (3) ⑤ (4) ③ (5) ①

20 (1) **silence** (2) **injure** (3) **blow** (4) **recognize** (5) **repeatedly**

① 吹く／強打・打撃・災難 ② 識別できる ③ ケガをさせる ④ 繰り返して
⑤ 静けさ・静寂・沈黙

A (1) ⑤ (2) ③ (3) ① (4) ② (5) ④

次の(1)〜(5)の単語の意味を、① 〜⑤ から選びなさい。

21
(1) **entertainment**　(2) **concern**　(3) **reputation**
(4) **intellectual**　(5) **suggestion**

① 関係・関心・不安／関わらせる・関心を持たせる・心配させる　② 娯楽・気晴らし
③ 知的な　④ 提案・暗示　⑤ 評判

- - - - - - - - - - - - - - - A　(1) ②　(2) ①　(3) ⑤　(4) ③　(5) ④

22
(1) **dirt**　(2) **strategy**　(3) **financial**　(4) **leap**
(5) **thrill**

① 跳ぶ　② 戦略　③ ほこり・泥　④ わくわくさせる　⑤ 財政の

- - - - - - - - - - - - - - - A　(1) ③　(2) ②　(3) ⑤　(4) ①　(5) ④

23
(1) **beverage**　(2) **idle**　(3) **earn**　(4) **division**
(5) **boast**

① 自慢する・誇る　② 稼ぐ・得る　③ 怠けた／アイドリングする　④ 飲み物　⑤ 分割

- - - - - - - - - - - - - - - A　(1) ④　(2) ③　(3) ②　(4) ⑤　(5) ①

24
(1) **interrupt**　(2) **cultivate**　(3) **linguist**
(4) **bookshelf**　(5) **consumer**

① 耕す　② 邪魔をする・中断する　③ 言語学者　④ 本棚　⑤ 消費者

- - - - - - - - - - - - - - - A　(1) ②　(2) ①　(3) ③　(4) ④　(5) ⑤

25
(1) **boradcast**　(2) **concentrate**　(3) **response**
(4) **grammar**　(5) **wit**

① 放送する／放送・番組　② 反応・返答　③ 集中する　④ 文法　⑤ 頭の回転(の速さ)

- - - - - - - - - - - - - - - A　(1) ①　(2) ③　(3) ②　(4) ④　(5) ⑤

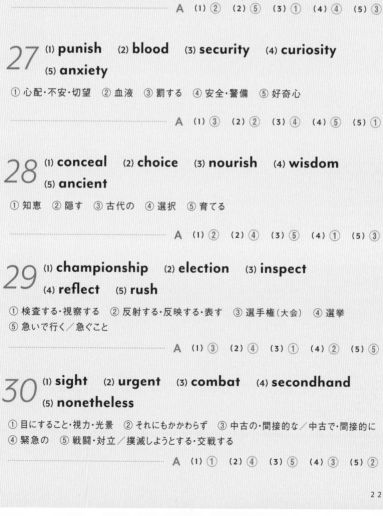

Set 1　　Set 2　　Set 3　　Set 4　　Set 5　　Set 6

/　　　　/　　　　/　　　　/　　　　/　　　　/

26
(1) **shorten**　(2) **modest**　(3) **consult**
(4) **business trip**　(5) **intelligence**

① 相談する・診てもらう・(辞書を)調べる　② 短くする　③ 知能　④ 出張
⑤ 謙虚な・適度な

A　(1) ②　(2) ⑤　(3) ①　(4) ④　(5) ③

27
(1) **punish**　(2) **blood**　(3) **security**　(4) **curiosity**
(5) **anxiety**

① 心配・不安・切望　② 血液　③ 罰する　④ 安全・警備　⑤ 好奇心

A　(1) ③　(2) ②　(3) ④　(4) ⑤　(5) ①

28
(1) **conceal**　(2) **choice**　(3) **nourish**　(4) **wisdom**
(5) **ancient**

① 知恵　② 隠す　③ 古代の　④ 選択　⑤ 育てる

A　(1) ②　(2) ④　(3) ⑤　(4) ①　(5) ③

29
(1) **championship**　(2) **election**　(3) **inspect**
(4) **reflect**　(5) **rush**

① 検査する・視察する　② 反射する・反映する・表す　③ 選手権(大会)　④ 選挙
⑤ 急いで行く／急ぐこと

A　(1) ③　(2) ④　(3) ①　(4) ②　(5) ⑤

30
(1) **sight**　(2) **urgent**　(3) **combat**　(4) **secondhand**
(5) **nonetheless**

① 目にすること・視力・光景　② それにもかかわらず　③ 中古の・間接的な／中古で・間接的に
④ 緊急の　⑤ 戦闘・対立／撲滅しようとする・交戦する

A　(1) ①　(2) ④　(3) ⑤　(4) ③　(5) ②

次の(1)〜(5)の単語の意味を、① 〜⑤ から選びなさい。

31
(1) **luggage**　(2) **humid**　(3) **profit**　(4) **semester**
(5) **crisis**

① 利益　② 危機　③ 湿気のある　④ 学期　⑤ 荷物（一式）

A (1)⑤ (2)③ (3)① (4)④ (5)②

32
(1) **threat**　(2) **disaster**　(3) **medication**
(4) **community**　(5) **stock**

① 薬　② 脅威　③ 地域社会・共同体　④ 災害　⑤ 株・在庫

A (1)② (2)④ (3)① (4)③ (5)⑤

33
(1) **faith**　(2) **silly**　(3) **timely**　(4) **previously**
(5) **ambitious**

① 愚かな　② タイミングの良い　③ 以前は　④ 信頼・信仰　⑤ 野心がある

A (1)④ (2)① (3)② (4)③ (5)⑤

34
(1) **hopeful**　(2) **digest**　(3) **upstairs**
(4) **global warming**　(5) **ambition**

① 野心　② 希望を持っている　③ 上の階へ　④ 地球温暖化
⑤ 消化する・理解する／要約

A (1)② (2)⑤ (3)③ (4)④ (5)①

35
(1) **production**　(2) **brow**　(3) **ordinary**　(4) **complex**
(5) **deserve**

① 複合の・複雑な　② 生産・生産量　③ 値する　④ まゆ　⑤ 普通の

A (1)② (2)④ (3)⑤ (4)① (5)③

36 (1) emergency (2) effect (3) polish (4) extension (5) careless

① 緊急事態　② 結果・効果・影響　③ 延長　④ 磨く　⑤ 不注意な

A (1) ①　(2) ②　(3) ④　(4) ③　(5) ⑤

37 (1) efficient (2) second (3) ugly (4) emotional (5) doubt

① 疑う(～ではないと思う)／疑い　② 秒　③ 醜い　④ 感情の・感情的な
⑤ 有能な・効率的な

A (1) ⑤　(2) ②　(3) ③　(4) ④　(5) ①

38 (1) conference (2) motion (3) ash (4) communication (5) pillow

① 枕　② 灰／灰にする　③ 会議　④ 動き・運動
⑤ コミュニケーション(意思疎通)・伝達

A (1) ③　(2) ④　(3) ②　(4) ⑤　(5) ①

39 (1) ignore (2) terrific (3) cough (4) control (5) tricky

① ものすごい・素晴らしい　② 無視する　③ ずるい・ややこしい・巧妙な
④ 咳／咳をする　⑤ 支配する・(感情を)抑える・駆除する

A (1) ②　(2) ①　(3) ④　(4) ⑤　(5) ③

40 (1) mist (2) anticipate (3) address (4) parasite (5) innocent

① 無罪の・無知の　② 予想する
③ 向ける・演説する・取りかかる／住所・メールアドレス・演説　④ 霧　⑤ 寄生虫・居候

A (1) ④　(2) ②　(3) ③　(4) ⑤　(5) ①

バッチリ覚えたその後は？

Q：短期間で覚えたものは、短期間で忘れるのでは？

　一夜漬けならそうなりますよね。でも「1ヵ月6回」のメリットは、それだけやると「長期記憶のゾーンに入る」ことです。つまり「定着段階」となるわけです。6回もやって頭に入れた単語は「定着した」と言えますが、ただそうはいっても人間は忘れる生き物であり、さすがにずっと忘れないわけではありません。

　成功後は「月1メンテナンス」をしてください。月に1回、1000個の単語を総チェックするわけです。1000個といっても、すでに6セットもやっているので、1時間〜2時間ですべてチェックできるはずです。「毎月〇日は単語メンテナンスの日」と決めてやってみてください。

Q：この本の次は？

　もし入試までに時間があるなら、次の「レベル2」へ挑戦することをオススメします。他の科目がよほど遅れていない限り、高3の8月1日までならスタートしていいでしょう。

　ちなみに熟語や他の暗記モノも1000単語のように「ウロ覚えの繰り返し」は有効ですよ。

ZONE

5

[単語801〜1000]

	DATE	NOTE
Set 1	/	
Set 2	/	
Set 3	/	
Set 4	/	
Set 5	/	
Set 6	/	

801

extend [ıksténd]

extension 名 拡張

動 延長する・広げる・広がる

本来「外へ (ex) 伸ばす (tend)」→「延長する」
／線的なものを伸ばすイメージ／extend
my stay in Canada「カナダでの滞在を延
長する」

802

offline [ɔ́:fláın]

形 オフラインの
副 オフラインで

online ↔ offline／「オフ会 (ネット上の知人
にネット以外で会うこと)」は offline が由来。

803

psychology
[saıká:lədʒi]

psychologist 名 心理学者

名 心理 (学)

本来「精神 (psycho) 学 (logy)」→「心理
学」／psycho「精神」は「サイコパス
(psychopath)」でも使われる。

804

irony [áıərəni]

名 皮肉

「遠回しなイヤミ」のこと／「言葉」と「本心」
が違うだけに、長文問題ではその内容を問
う問題がよく出る／アメリカ大統領選挙など
で、皮肉がよく使われる。

805

review [rıvjú:]

reviewer 名 書評者

名 批評・復習
動 批評する・復習する

本来「何度も (re) 見る (view)」→「批評・
復習する」／映画・本・展覧会などを「批
評・評価する」にも使われる。

806

category
[kǽtəgɔ̀:ri]

名 区分

「カテゴリー」は「区分・分類」のこと。

807

policy [pá:ləsi]

名 政策・方針

police「警察」と同じ語源で、police は元々「統治・管理」→「統治するための考え」→「政策・方針・ポリシー」になった。

808

brief [brí:f]

形 短い・簡潔な 名 要約

下着の「ブリーフ」は「丈が短い」／in brief「要するに・つまり」

809

appoint [əpɔ́int]

動 任命する・(日時などを)指定する

「〜へ向けて (at) 指をさす (point)」→「任命する・指定する」

810

actually [ǽktʃuəli]

actual 形 実際の

副 実は

「予定と違って実際は…」などで使われる／Actually で文が始まったら「何か大事なことを告白する」ことが非常に多い。

811

fortunately
[fɔ́:rtʃənətli]

fortune 名 幸運

fortunate 形 幸運な

副 幸運にも

Fortunately, SV. のように、文頭でよく使われる／Fortunately, no one got hurt.「幸運なことに、誰もケガをしなかった」

812

unfortunately
[ʌnfɔ́:rtʃənətli]

unfortunate 形 不運な

副 残念なことに

文の先頭でよく使われる／Unfortunately で始まる文は大事な内容が多く、設問でも狙われやすい。

813

unit [júːnɪt]

名 集団・単位

「カタマリ」というイメージ／「音楽ユニット」は「複数のミュージシャンで構成された集団」／「1つのカタマリ」→「単位」

814

unite [ju(ː)náɪt]

動 結びつける

「1つ (uni) にする」→「結びつける」／「ユニット (unit)」は「1個・隊」の意味で「音楽ユニット」で使われるので、unit とセットで覚えるのもアリ。

815

scholarship
[skɑ́:lərʃip]

名 奨学金

「奨学金制度」を「スカラーシップ制度」と言う。

816 ▪▪▪▪▪▪

grocery [gróusəri]

名 食料雑貨

grocery store は supermarket とほぼ同じか、少し規模が小さい店／go shopping for groceries「食料品を買いに行く」

817 ▪▪▪▪▪▪

smooth [smúːð]

形 滑らかな

「スムーズ」は「順調に滑らかに進むこと」／昔のメディアでは「スムース」と書かれることがあったが、正しくは「スムーズ」

818 ▪▪▪▪▪▪

bias [báɪəs]

名 先入観・偏見
動 先入観を持たせる

「バイアスを持たずに」のように使われることがある／a biased view「偏見」、without bias「先入観なしに」

819 ▪▪▪▪▪▪

vitality [vaɪtǽləti]

名 元気

「バイタリティー溢れる」は「活力・元気に満ちている」こと。

820 ▪▪▪▪▪▪

vital [váɪtl]

形 生命の・重要な

医療ドラマで「バイタルとって」というセリフは、vital signs「生命兆候（脈拍・呼吸など）」を指す。「生命の・命に関わる・生きるか死ぬかの」→「重要な」

821

progress
名[prá:gres] 動[prəgrés]

名 進歩 動 進歩する

君の今日の成果はこの本で目に見えるが、「進歩」そのものは「目に見えない」というのが英語の発想なので「不可算名詞（冠詞 a や複数の s はつかない）」という点に注意。

822

arrow [érou]

名 矢

以前、西武鉄道に「レッドアロー」という特急列車があったが、「赤い車体で矢のように速い」ことからだと思う（英語の発音は「アロウ」）

823

peak [píːk]

名 頂点

「ピークにいる」は「全盛期を迎えている」ということ／本来「山頂」から、比喩的に「頂点」と使われるようになった。

824

afford [əfɔ́:rd]

affordable 形 購入できる

動 余裕がある・与える

I cannot afford to buy a ○○ bag.「私には○○のバッグを買う余裕はない」／○○には高級ブランド名を入れて覚えよう。

825

dramatic [drəmǽtɪk]

形 劇的な・印象的な

本来「演劇・ドラマ（drama）のような（ic）」／日本語「ドラマチック」は良い意味だが、英語の dramatic は必ずしも良いこととは限らずに使える。

826

originally [ərídʒənəli]

original 形 最初の・独創的な

副 元々は

「オリジナル・独創的」より、単に「最初は・元々は」という意味が大事／originally come from French「本来はフランス語由来」

827

state [stéɪt]

名 状態・国家・州 動 述べる

「立っている (sta=stand) 状態」→「状態」／「自立した状態」→「国家・州」／「(状態を) 述べる」

828

signature [sígnətʃər]

名 署名

「印 (sign) をつけること」→「署名」／collect 40,000 signatures「4万人の署名を集める」

829

treat [trí:t]

動 扱う・治療する・おごる
名 ごほうび・ごちそう

treatment 名 治療

本来「扱う」→「患者を扱う」→「治療する」／ハロウィンの Trick or treat! で「ごほうび・お菓子」はおなじみ。

830

conclude [kənklú:d]

conclusion 名 結論

動 結論を出す・終える

「完全に (con) 閉じる (clude=close)」→「話を閉じる・終える」→「結論を下す」

831

brilliant [bríljənt]

形 光り輝く・すばらしい

ダイヤモンドの指輪で「ブリリアントカット」と言えば「反射・屈折率を考慮して一番美しく輝く型」のこと。

832

murder [mə́:rdər]

名 殺人　動 殺害する

murderer 名 殺人犯

murder は er で終わるので、「殺人を犯した人」だと勘違いされるが、「殺人の行為」を指すことに注意／「殺人犯」はさらに er をつけた murderer

---

833

consider 🛡

[kənsídər]

動 考える

consideration 名 考慮・思いやり

本来「星を観察する」→「あれやこれやと考える」／consider -ing の形も重要。

834

cover [kʌ́vər]

動 覆う・扱う・取材する・保険をかける

どれも「カバーする」で意味が予想可能／「コストをカバーする」→「まかなう」、「記者が事件をカバーする」→「取材する」など。

835

regard [rɪgá:rd] 🛡

動 みなす　名 関連

regarding 前 ～に関して

regard A as B「A を B とみなす」／with[in] regard to ～「～に関して」

836

commit [kəmít]

commitment 名 約束・献身・犯行
be committed to ～ 熟 ～に専念
する

動 委ねる・(罪を)犯す

「委ねる」→「自分を罪に委ねる」→「犯す」
(commit a crime「犯罪を犯す」) ／「コミット
する」とは「自分を委ねる」→「専念する」
(commit oneself to ～「～に専念する」)

837

suburb [sʌ́bəːrb]

名 郊外

本来「都会 (urb=urban) の下 (sub) の区分」
→「都会にはなれない」→「郊外」

838

solid [sáːləd]

形 固体の・しっかりした

「ソロ (sol) でもいける」→「しっかりした」
→「個体の」と考えよう／ヘアワックスの「ソ
リッドタイプ」は「髪をガチガチに固める」
もの。

839

bottled [báːtld]

形 ボトル入りの

文字通りには過去分詞なので「ボトル・瓶
に入れられた」／海外旅行では bottled
water「ボトルに入った水」を飲もう (水道水
は避けよう) とアドバイスされる。

840

democracy
[dɪmáːkrəsi]

democratic 名 民主主義の・民主
的な

名 民主主義

日本史で出てくる「大正デモクラシー」は
大正時代に盛んになった「民主主義
(democracy) 運動」

---

841 ■ ■ ■ ■ ■ ■

diversity [dəvə́:rsəti]

名 多様性

cultural diversity「文化の多様性」／the ethnic diversity「人種の多様性」は山梨大で出た。

---

842 ■ ■ ■ ■ ■ ■

intelligent
[ɪntélɪdʒənt]

intelligence 名 知能

形 知能が高い・理解力がある

今の若者は使わないが、昔は日本語で「インテリ」と言えば、intelligent のこと／○○ is intelligent.「○○は頭が良い」の○○に好きな名前を。

---

843 ■ ■ ■ ■ ■ ■

route [rú:t]

名 道・ルート

リスニングで「交通ニュース」が出るときに使われる／take an alternative route「迂回（うかい）路を行く」（alternative「代わりの」）

---

844 ■ ■ ■ ■ ■ ■

reliable [rɪláɪəbl]

形 信頼できる

「頼る (rely) ことができる (able)」→「信頼されることができる」／want reliable information「確かな情報を望む」

---

845 ■ ■ ■ ■ ■ ■

explore [ɪksplɔ́:r]

exploration 名 探検

動 探検する・調査する

「未知の領域を探検する」イメージ／「Microsoft のインターネット・エクスプローラー (Internet Explorer)」は「広大なネットの世界を探検するソフト」

846

depth [dépθ]

deep 形 深い
deeply 副 深く・とても

名 深さ

発音に注意／in depth は「深さにおいて（範囲の in）」→「深さが」と、「深い状態で（状態の in）」→「深々と・徹底的に」の意味がある。

847

appointment [əpɔ́ɪntmənt]

appoint 動 任命する・（日時などを）指定する

名（人と会う）約束・（病院の）予約・任命

日本語「アポ」は「仕事の約束」によく使われるが、本来は「人との面会」で、「医者との面会」→「病院（診察）の予約」でも使える。

848

rewrite [rì:ráit]

動 書き直す

「リライトする」は「再び（re）書く（write）」ということ。

849

crazy [kréɪzi]

形 正気でない・夢中だ

「正気でない」というマイナス以外にも、「狂ったようにのめりこんで」→「（正気じゃないほど）夢中だ」の意味も。

850

delete [dɪlí:t]

動 削除する

PC キーボードの「デリート（Delete）キー」は「（文字やファイルを）削除する」ときのボタン／delete an e-mail「メールを削除する」

851

dozen [dʌ́zn]

名 1ダース・12個

日本で「ダース」という単位が使われるのは鉛筆と「ダース」という名のチョコレート／アメリカでは卵は 12 個で販売（6・24 個もあるが、10 個はないはず）。

852

pollute [pəlúːt]

pollution 名 汚染

動 汚染する

環境問題においては欠かせない単語／be polluted with industrial waste「工業排水で汚染されている」

853

reject [rɪdʒékt]

rejection 名 拒絶

動 拒絶する

本来「はね返す」イメージの単語／「元の（re）場所へ投げる（ject）」→「拒絶する」で、ject は projector「プロジェクター（映像を投影する機械）」で使われている。

854

immediately [ɪmíːdiətli]

immediate 形 即座の

副 直ちに

形容詞 immediate は「真ん中（mediate=medium）に何もない（im＝否定の in）」→「即座の」で、その副詞が immediately

855

combination [kàːmbənéɪʃən]

combine 動 組み合わせる

名 結合

お笑い芸人などに使われる「コンビ」は正確には combination「結合」という単語。

856

slightly [sláitli]

slight 形 わずかな

副 わずかに

「薄っぺらでほんのわずかなんだけど」というイメージ／slightly different「わずかに違う」

857

despite [dɪspáɪt]

前 ～にもかかわらず

前置詞ということが重要 (後ろには名詞がくる)／despite the very cold weather「すごく寒かったにもかかわらず」は芝浦工業大で出題。

858

proportion
[prəpɔ́:rʃən]

名 割合

日本語「プロポーションがいい」の本当の意味は、「スタイルの良さ」ではなく「体の割合 (バランス) が良い」ということ。

859

contrast [ká:ntræst]

in contrast to ～ 熟 ～とは対照的に

名 対照・対比

「反対して (contra) 立つ (st=stand)」→「対比 (する)」／写真や絵で「白と青のコントラスト」とは「対比・対照」のこと。

860

agreement
[əgríːmənt]

名 同意

reach an agreement on working conditions「労働条件が合意に達する」

861

nervous [nə́:rvəs]

形 緊張して・神経質な

性格が「神経質な」だけでなく、気持ちが「緊張している」もチェック／be nervous before an exam「試験前に緊張する」

862

similarly [símələrli]

副 同様に

similar 形 似ている

長文問題で前の内容と似ていることを続けるときに使う。Similarly, ～ という英文を見たら、「あ、前と同じ展開が繰り返されるのかも」と予想すると長文が読みやすくなる。

863

deny [dɪnáɪ]

動 否定する

「強く(de)否定する(ny=not)」→「否定する」

864

oppose [əpóuz]

動 反対する・反対させる

「反対に(op)置く(pose)」→「自分の意見を反対に置く」→「反対する」／「反対させる」の意味は be opposed to -ing「～することに反対する」で使われる。

865

guideline
[gáɪdlàɪn]

名 ガイドライン(指針)

「ガイドライン」は「政策などの指針」／「ガイド・案内する(guide)方向・ライン(line)」→「指針」

866

unlike [ʌnláɪk]

前 ～と違って

前置詞 like「～のような」の対義語／unlike Japanese people「日本人とは違って」

867

satellite [sǽtəlàɪt]

名 衛星・人工衛星

「衛星」は「惑星の周りを公転する天体のこと（月など）」／receive data from a satellite「衛星からデータを受信する」

868

blank [blǽŋk]

名 空白 **形** 空白の

フランス語 blanc は「白い」→「真っ白」→「空白の」／Fill in the blanks.「空欄を埋めなさい」（試験の指示）

869

erase [ɪréɪs]

動 消す

手元にある消しゴムを見ると、どこかに eraser と書いてあるかも。その eraser「消しゴム」の動詞形が erase

eraser **名** 消しゴム

870

significant
[sɪgnífɪkənt]

形 意義深い・重要な・かなりの

「印 (sign) をつけておくほど、重要な影響を与える」→「重要な」／さらに漠然と「かなりの」で、a significant amount of ～「かなりの量の～」が大事。

significance **名** 意義・重要性

ZONE 5

871

wage [wéɪdʒ]

名 賃金

主に「肉体労働」に対する賃金／earn a good wage「いい給料をもらう」

872

criticism [krítəsìzm]

criticize 動 批判する
critic 名 批評家

名 批判・批評

「批評家 (critic) の主義・考え (ism)」→「批評・批判」／bitter criticism「酷評」

873

terrorism [térərìzm]

名 テロリズム・テロ行為

terror「恐怖」と関連あり（ディズニーランドの「タワー・オブ・テラー」で使われる）／「怖がらせる行為」→「テロ」

874

exist [ɪgzíst]

existence 名 存在・生存

動 存在する

「母親の中から外に出てきて (ex) この現世に立つ (sist=stand)」→「存在する」

875

debt [dét]

名 借金・恩義

debt の b は読まない／doubt「疑う」の b も読まない（ダウト）ので、「彼に debt があることを doubt する」と覚えてしまおう。

876

enthusiastic
[ɪnθ(j)ùːziǽstɪk]

enthusiasm 名 熱心

形 熱中している・乗り気な

趣味や何かの行動に積極的・前向きで熱心なイメージ／be enthusiastic about ～「～に熱中している・乗り気な」

877

slight [sláɪt]

形 わずかな

本来「(slight の響きから) スラッとした」→「薄っぺらな」→「わずかな」／a slight difference「わずかな差異」

878

minority [mənɔ́ːrəti]

名 半数以下・小数派

「マイナー・より小さい (minor)」→「半数未満」→「少数派」／「少数派」と訳されることがほとんどだが、早稲田大では「(単に)半数未満」の意味も狙われた。

879

protection [prətékʃən]

名 保護

「プロテクター (protector)」は「保護するもの」

protect 動 保護する

880

remote [rɪmóʊt]

形 遠く離れた

「後ろへ (re) 動く (mote＝move)」→「遠く離れた」／remote control「リモコン」

881

concrete [ká:nkri:t]

形 具体的な　名 コンクリート

「鉄筋コンクリート」の「ガッシリと固まった」イメージから「(曖昧でない、ガッシリ固まって形が) 具体的な」と結び付けてしまおう。

882

boss [bɔ́:s]

名 上司

「ボス」には悪役のイメージがあるかもしれませんが、本来は「ご主人様」で、ビジネスでは「会社の上司」で使われる。

883

terrorist [térərɪst]

名 テロリスト(テロリズム行為者)

物騒な単語なので、普段の勉強では出てこないだろうが、ニュースでは重要なので、当然チェックしておくべき。

884

unlikely [ʌnláɪkli]

likely 形 たぶん・おそらく

形 しなさそうな

likely「〜しそうだ」に否定の un がついた単語／be unlikely to 〜「〜しなさそうだ」や、It is unlikely that sv.「sv しそうにない」が重要。

885

tragedy [trǽdʒədi]

名 悲劇

comedy「コメディ・喜劇」の反対が tragedy「悲劇」／西欧では、喜劇だけでなく悲劇も盛んなだけによく使われる／the tragedy of gun violence「銃による暴力の悲劇」

886

heal [híːl]

healing 名 治療

動 治す・癒す

health と 関 連 が あ り 、health「健 康」
→ heal「治す」→ healing「治療」という流
れで覚えよう／「ヒーリング (healing) 効果」
は「癒し効果」

887

defend [dɪfénd]

defense[defence] 名 防御・弁護

動 防御する・弁護する

「ディフェンス (defense)」の動詞形／裁判
では「言葉で守る」→「弁護する」／defend
≒ protect のイメージ。

888

devote [dɪvóut]

devotion 名 深い愛情・献身
devoted 形 献身的な・熱心な

動 捧げる

「ものすごく (de は強調の働き) 誓う (vote≒
vow「誓う」)／「尽くします!」という誓い／
dedicate と同じ意味なのでセットで覚えよ
う。

889

factor [fǽktər]

名 要因

「重要なファクター」とは「重要な要因・要
素」のこと／ちなみに「(日焼け止めの)
SPF」は sun protection factor「日焼け防
止率」(この factor は難しいが「要素・率」)

890

quote [kwóut]

quotation 名 引用

動 引用する

"〜"の両サイドの記号は「クオーテーショ
ンマーク (quotation mark)」／ニュースで、
いきなり "quote" と言ったら、そこから引
用の言葉が始まるという合図。

891

desire [dɪzáɪər]

動 強く望む 名 願望

「強く (de) 星の巡り (sire) を求める」→「強く望む」/強烈に心から欲するイメージ/合格することを desire しよう。

892

pollen [pá:lən]

名 花粉

be allergic to pollen「花粉に対してアレルギーである」→「花粉症だ」(allergic は「アラージック」と発音)

893

childcare
[tʃáɪldkèər]

名 育児（育児施設）

「子ども (child) の世話 (care)」→「育児」/child-care center「託児所・保育施設」のようにハイフンが入ることもあるが、意味をとるのには困らない。

894

acquire [əkwáɪər]

動 獲得する

入試の長文では「言語を身につける」で頻出 (acquire a foreign language「外国語を習得する」)。

acquisition 名 獲得・買収

895

despair [dɪspéər]

名 絶望 動 絶望する

「否定 (de) ＋希望 (spair)」→「絶望」/in despair「絶望して」

896

trend [trénd]

名 傾向・流行

observe world trends「世界の動向を見守る」(observe「観察する」)

897

diagnosis
[dàɪəgnóʊsɪs]

diagnose **動** 診断する

名 診断

「完全に (dia) 病気を知る (gnosis=know)」→「診断」/医療の単語って日本語も英語も小難しい。

898

biography [baiá:grəfi]

biographer **名** 伝記作家
bio **名** 経歴

名 伝記・経歴

本来「生命 (bio) を書いたもの (graphy)」/bio は biology「生 物 学」、graphy は autograph「自分で書いたもの」→「サイン」で使われている。

899

forgive [fərgív]

動 許す・免除する

「その人のために (for) 何もかも与える (give)」→「許してあげる」と考えよう。

900

chore [ʧɔ́ːr]

名 雑用・家事

今から1分だけ勉強を中断して、雑用しながら chore と連呼しよう（外にいるならカバンの中の整理など）/finish one's chores「雑用を終える」は早稲田大で出題。

247

901

overnight [óuvərnáit]

副 一晩中・一夜で

「一晩中ずっと・一夜のうちに（一夜で突然に）」の意味があり、stay overnight「一晩泊まる」は前者、become rich overnight「一夜で金持ちになる」は後者の意味。

902

dust [dʌ́st]

名 ちり・ほこり

ハウスダストは家の中の「ほこり」のこと／stardust は「星のちり」→「星くず」

903

pursue [pərs(j)úː]

pursuit 名 追及

動 追求する・実行する

実際に「追いかける」場合にも、pursue happiness「幸福を追い求める」のように抽象的なものを「追い求める」場合にも使える。

904

suffer [sʌ́fər]

動 苦しむ

「下で (suf=sub) 運ぶ (fer)」→「(辛いことに) 苦しむ」／suffer from ～「～で苦しむ」の形が重要 (from は「原因」)。

905

conservative
[kənsə́ːrvətɪv]

形 保守的な

conserve「保存する」の形容詞形／ファッション誌の「コンサバ特集」は conservative のことで、「保守的な」→「(流行に左右されない) 定番の服」のこと。

906

wizard [wízərd]

名 魔法使い

男性の魔法使いを指し、女性なら witch「魔女」（この世界に LGBTQ 的な視点はいつ取り入れられるのだろうか）／「魔法使いみたいにすごい人」→「天才」の意味もある。

907

license [láɪsns]

名 免許（証）

「ダイビングのライセンスを取得する」とは「ダイビングができる許可証・免許証を得る」ということ。

908

pause [pɔ́ːz]

動 休止する 名 休止・中断

ゲーム機の「ポーズボタン」は「ゲームを一時休止するボタン」／ちなみに「ポーズ（をとる）」は pose という別の単語（発音は「ポウズ」）。

909

kingdom [kíŋdəm]

名 王国・分野

「王（king）の領地（dom）」→「王国」／イギリスを UK と表すが、the United Kingdom「連合王国・英国」のこと。

910

capable [kéɪpəbl]

capability 名 能力

形 能力がある・有能な

capacity「能力」と同じ語源で、「キャパがある」→「能力がある」／be capable of ～「～ができる」の形が重要。

911

associate
動[əsóuʃièit] 名[əsóuʃiət]

association 名 協会・連合・連想

動 連想する・付き合う
名 同僚・社員

本来「結びつく」で、associate A with B「A と B を結びつける」という形が重要／人と結びつくなら「付き合う」という意味になる。

912

treatment [trí:tmənt]

名 治療

「トリートメント」は「髪の治療」という意味（シャンプーの CM で「髪の修復」や「髪のダメージを補修」と言っているのも「治療」のイメージを持ちやすい）。

913

bilingual [baɪlíŋgwəl]

名 2言語を使う人
形 2言語を使う

「2つの (bi) 言語 (lingua) の」(bi「2つの」は bicycle「自転車（二輪車）」で使われる）／帰国子女に限らず、「2言語を使う人」のこと。

914

manufacture
[mænjəfǽktʃər]

動 製造する 名 製造

社会の授業で出てくる「マニュファクチャー」は「工場制手工業」（元々「手 (manu) で作ること」なのだが、現代では機械生産にも使って OK で広く「製造する」という意味）

915

campaign
[kæmpéin]

名 (政治的・社会的)運動

お店やネットでのサービスが浮かぶが、本来「活動・運動」／選挙での「ネガティブ・キャンペーン（ライバルの否定的な情報を流す運動）」のほうが単語のイメージは伝えている。

916

citizen [sítəzn]

名 市民・国民

「都市 (citiz=city) の住人」→「市民・国民」／become an American citizen「アメリカ国民になる」

917

intimate [íntəmət]

形 親密な

本来「気持ちが中へ (in) 入っていく」→「親密な」

918

fluid [flú:ɪd]

名 流動体
形 流動体の・流動的な

flu は「流れる」という意味 (flu には「インフルエンザ」の意味もあるが、「体内に流れ入るウイルス」と考える)／「流れるもの」→「流動体」

919

currency [ká:rənsi]

名 通貨・普及

本来「流れているもの」→「世に流れているもの」→「通貨・普及」／銀行や空港では currency exchange「両替所」という表示がある。

920

missing [mísɪŋ]

形 行方不明の

miss は「スルッと逃れる」イメージで、missing は「いるべきところから逃れた・誰ともぶつからない」→「行方不明の」

miss **動** 逃す

251

921

incident [ínsədənt]

名 事件・出来事

accident に意味も発音も共通点があるので似たものとして覚えても OK ／一応、違いに触れると、incident は大小問わず表せるが、accident はそれなりに大変な出来事。

922

league [líːg]

名 (競技)連盟・同盟

サッカーの「J リーグ」をはじめ、いろいろなスポーツで使われる／元々「結ぶ」→「(結ばれた) 連盟・同盟」

923

cost [kɔ́ːst]

動 (お金が)かかる・犠牲にする
名 費用

本来「奪う」で、cost 人 金「人から金を奪う」→「人 に 金 がかかる」、cost 人 命「人から 命 を奪う」→「人 の 命 を犠牲にする」

924

apologize [əpáːləʤàɪz]

動 謝る

apology **名 謝罪**

よく「謝罪する」と訳されるが、日常生活の「謝る」にも使える／apologize to 人 for ～「～を理由に 人 に謝る」が重要。

925

context [káːntekst]

名 文脈・状況

本来「一緒に (con) 織り込まれた言葉 (text)」→「文脈」だが、単純に text から「文脈」を連想しても OK

926

sum [sʌ́m]

名 金額・合計

「カタマリ」のイメージで、「お金のカタマリ」
→「金額・合計」

927

necessity [nəsésəti]

necessary 形 必要な

名 必要性

necessary「必要な」の名詞形／out of
necessity「必要性から」→「必要に迫られ
て」

928

automation
[ɔ̀:təméɪʃən]

名 自動化

「オートメーション化」とは「自動化」／auto
「自動の」は automatic「自動の」などで使
われる。

929

manual [mǽnjuəl]

形 手の・手動の・体の
名 取扱説明書

本来「手 (manu) に関する (al)」／日本語「マ
ニュアル」は「手引き書 (手で引いて見るも
の)」／機械と対比されると「手動の・体の」

930

plain [pléin]

形 質素な・わかりやすい

本来「平らな」→「(生活に波がなく) 質素な」
→「(質素で) わかりやすい」／「プレーンヨー
グルト (plain yogurt)」は「(フルーツや砂糖を
あまり加えない) 質素なヨーグルト」

931

responsibility
[rɪspɑ̀:nsəbíləti]

responsible 形 責任がある

名 責任

responsible「責任がある」の名詞形／sense of responsibility「責任感」

932

completely
[kəmplí:tli]

complete 形 完全な

副 完全に

completely forget「すっかり忘れる」

933

gently [dʒéntli]

gentle 形 優しい・穏やかな

副 優しく

「ジェントルマン (gentleman) のように、紳士的に・ゆっくり・優しく」というイメージ。

934

joyful [dʒɔ́ɪfl]

形 喜びに満ちた

大分県に本社があるファミレス『ジョイフル (Joyfull)』は joy「楽しさ」+ full「いっぱいの」という造語（つづりに l が 1 つ多い）が、覚えるきっかけにはなると思う。

935

fasten [fǽsn]

fastener 名 留め具

動 しっかり固定する

「ファスナー (fastener)」から「しっかり締めるもの」という意味を連想しよう／飛行機やタクシーでは Fasten your seat belts.「シートベルトをお締めください」とある。

936

behalf [bɪhǽf]

名 利益

on behalf of ~「~の利益 (behalf) を土台に (on) して」→「~のために／~を代表して」の形で出る。

937

syndrome [síndroum]

名 症候群

「ピーターパン・シンドローム (syndrome)」は「精神的に子どもっぽいところが治らない症状」(ピーターパンのセリフ I don't want to grow up.「大人になんかなりたくない」)

938

comment [ká:ment]

名 コメント・批評
動 批評する・述べる

「コメント」の意味は楽勝だが、最近の「ネットでのコメント」→「批評・論評」と考えよう／名詞も動詞もアクセントが同じ珍しい単語。

939

available
[əvéɪləbl]

形 利用できる・手に入る・都合がつく

「スタンバイ OK」のイメージ／「物がスタンバイ OK」→「利用できる・手に入る」、「人がスタンバイ OK」→「都合がつく」

940

crime [kráɪm]

criminal 形 犯罪の 名 犯人

名 犯罪

Crime does not pay.「犯罪は割に合わない」は FBI（アメリカの連邦捜査局）のキャッチコピー（pay は「割に合う」）。

941

version [və́:rʒən]

名 ○○版・解釈

「アニメバージョン」とは「小説などのアニメ版」／the latest version「最新版」

942

thief [θíːf]

theft 名 窃盗

名 泥棒

「スィーフ」という静かな発音通り、「隠れて盗む泥棒」のイメージ／robber「強盗」は、rob「奪う」から派生しているので暴力的なイメージ。

943

ashamed [əʃéimd]

shame 名 恥

形 恥ずかしく思って

動詞 ashame「恥 (shame) をかかせる」の過去分詞で、be ashamed of ～「～を恥ずかしく思う」という形で使われる。

944

ache [éik]

名 痛み 動 痛む

名詞 ache は他の語とくっつくことが多い (headache「頭痛」、stomachache「胃痛・腹痛」、toothache「歯痛」)／動詞 ache は立教大でも出題 (My back is aching.「腰 (背中) が痛い」)

945

departure [dɪpáːrtʃər]

depart 動 出発する

名 出発

departure time「出発時刻」は空港で必ず見かける／delay the departure due to bad weather「悪天候のため出発を延期する」

946

direct [dərékt]

director 名 監督

形 直接の・直行の
動 指揮する

本来「まっすぐ」→「直接の」、さらに動詞で「(まっすぐ) 向ける」→「指導する」

947

sole [sóul]

形 唯一の

「ソロで (単独で) デビューする」と関連させて、sole は「単独の・唯一の」と覚えよう。

948

punctual [pʌ́ŋktʃuəl]

形 時間を守る

make sure to be punctual for the interview「その面接に必ず時間通りに行くようにする」

949

dynamic [daɪnǽmɪk]

形 動的な・活動的な

「ダイナミックな」でもいいが、本来のイメージは「動きがある・活発な・おとなしくしてない」／a dynamic leader「活発な (行動力ある) 指導者」

950

owing [óuɪŋ]

前 (owing to ~ で) ~が原因で

owe A to B「A (結果) を B (原因) のせいにする」から、owe to B「B のせいにする」が残り、それが分詞構文 owing to ~ となった (もはや前置詞と考えよう)。

ZONE 5

| ① | ② | ③ | ④ | ⑤ | ⑥ |

951

series [síəri:z]

名 一続き

日本語の「シリーズ」の感覚で OK ／love this TV series「このドラマが大好きだ」／a series of ～「一連の～」という形が重要。

952

approach [əpróutʃ]

動 近づく
名 接近

日本語の「アプローチする」とは「近づく」こと。受験生も単語を覚えるたびに志望校にアプローチしていくことになる。

953

exact [ɪgzǽkt]

形 正確な

「寸分の狂いなくピッタリ・ビシッとハマる」イメージ／try to remember the exact date「正確な日にちを思い出そうとする」

exactly **副** 正確に・ちょうど

954

single [síŋgl]

形 たった1つの・独身の

single-use「使い捨ての」をチェック（この use の発音は「ユース」）／今の入試では single-use plastic straws「プラスチック製の使い捨てのストロー」が重要。

955

transform [trænsfɔ́:rm]

動 変える・変わる

「形 (form) を移動する (trans)」→「変形させる・変える」／ロボットのアニメなどでよく使われる／transform into a butterfly「チョウに変わる」

956

subtitle [sʌ́btàɪtl]

名 (映画・テレビの) 字幕
動 字幕をつける

文字通り「サブタイトル (副題)」の意味もあるが、複数形 subtitles で「字幕」の意味でよく使われる。

957

secretly [síːkrətli]

副 ひそかに

secret 名 秘密・秘訣 形 秘密の

secret は名詞「秘密」以外に、形容詞「秘密の」もあり、そこに -ly がついて副詞になったもの／secretary「秘書 (secret「秘密」を扱う人)」と区別を。

958

constant [káːnstənt]

形 絶え間ない

constantly 副 絶えず

本来「ずっと立っている(stant=stand)」→「波がなく常に一定の・絶え間ない」／この本で constant improvement「常に継続する進歩」を!

959

victim [víktɪm]

名 犠牲者

本来「(神様への) 生け贄にする動物」→「犠牲者・被害者」／victims of war「戦争の犠牲者」

960

privacy [práɪvəsi]

名 プライバシー

「プライベート・私的な (private) 状態」／protect privacy「プライバシーを守る」

961

remain [rɪméɪn]

動 ～のままでいる・残る

「後ろに (re) とどまる (main)」→「残る・～のままである」／そのまま変わらずにずっと残っているイメージ。

962

dull [dʌ́l]

形 退屈な・鈍い

「ダルい (dull い)」→「退屈な・鈍い」と覚えれば一撃／どよ～んとしたイメージ。

963

establish [ɪstǽblɪʃ]

establishment **名 建物・施設**

動 設立する

海外の有名ブランドの商品に established in 1856 のように書かれることも多い (そのブランドが設立された年を表す)。

964

resident [rézədənt]

名 住人

president「大統領・社長」は「前に (pre) 座る (sid) 人」で、その反対の「後ろに (re) 座る (sid) 人」(前に出ず、家にいるイメージ)

965

literature [lítərətʃər]

literate **形 読み書きできる**

名 文学・文献・印刷物

本来「読み書きできる (literate) ようにする学問」→「文学」／日本では「就職に弱い」と言われる文学部だが、実力をつければそんなこと一切関係ないので好きな道を進め！

966

donor [dóunər]

名 寄贈者・臓器提供者

「ドナーカード (a donor card)」は「臓器提供に関する意思を示すカード」(発音は「ドゥナァ」)

967

plug [plʌg]

動 電源に差し込む

「プラグを差し込む」と使われる／plug in the TV「テレビをコンセントに差し込む」／ちなみに「コンセント」は outlet

968

closely [klóusli]

close 形 近い

副 念入りに

「近づいて」→「密接に・念入りに」／listen closely「近づいて聞く」→「しっかり聞く」と考えれば OK

969

chill [tʃíl]

動 冷やす 名 冷たさ

「チルド食品 (chilled food)」や「冷蔵庫のチルド室」に chilled (chill の過去分詞) が使われている。

970

humor [hjú:mər]

名 ユーモア

「ユーモア」とは「ほのぼのとした、もしくは気の利いた知的なギャグ」(発音は「ヒューマァ」)／I like his sense of humor.「彼のユーモアのセンスが好き」

971

require [rɪkwáɪər]

requirement 名 必要なもの

動 要求する

request と同じと考えて OK ／「何度も (re) 求める (quire)」／ be required to ～「～しなければならない」の形も大事。

972

birth [bɚ́:rθ]

名 出産・誕生

birthday「誕生日」で問題ナシだが、birth 自体は「生まれ」を示し、give birth to ～「～に生まれを与える」→「生む」という熟語が大事。

973

deadline [dédlàɪn]

名 締め切り

「命を失う・終わる (dead) 境界線 (line)」→「締め切り」／ meet a deadline「締め切りに間に合う」／何が何でも本書の「単語の締め切り」を守ろう。

974

link [líŋk]

名 つながり
動 つなぐ・結びつける

本来「鎖・輪」→「つながり・関連」／ link between A and B「A と B のつながり」でよく使われる。

975

period [píəriəd]

名 期間・時代・終止符

核心は「一定期間」／「しばらくの期間に区切りをつける」→「ピリオド (終止符)」の意味が有名なだけ。

976

farther [fá:rðər]

farthest 副最も遠くに 形最も遠い

副より遠くに 形もっと遠い

far「遠くに」が「距離に関してさらに遠くに」と比較級になるとき、far – farther – farthest と変化する。

977

further [fá:rðər]

副さらに（進んで）
形さらに進んだ

「距離（遠く）」のときは far – farther – farthest だが、「程度」なら、far – further – furthest

978

furthermore [fá:rðərmɔ̀:r]

副さらに

「さらに (further) それよりも (more)」→「さらに・その上」／情報の「サポート」や情報の「追加」に使える。

979

pretend [priténd]

動ふりをする

「他人の前に (pre) ウソの顔を伸ばす (tend)」→「見せかける・ふりをする」／pretend to ～「～するふりをする」の形が大事。

980

occupation [à:kjəpéiʃən]

occupy 動占有する

名占有・職業

「生活の大半を占める (occupy) もの」→「職業」／a highly paid occupation「給料が高い職業」

981

loose [lú:s]

形 緩い

「緩い」という意味／「ルーズな」と使われることがあるが、loose の正しい発音は「ルース」(lose「負ける」の発音は「ルーズ」)

982

contrary [ká:ntrèri]

名 反対 形 反対の 副 反して

「ひねくれた」イメージ／contrary to ～「～に反して」、on the contrary「それに反して・それどころか」が重要。

983

cultural background
[kʌ́ltʃərəl bǽkgràund]

名 文化的背景

長文問題で「様々な文化的背景 (different cultural backgrounds) を持った人たちが」といった内容がよく出る。スピーキングでも便利。

984

vision [víʒən]

名 視力・展望

「将来のビジョン」は「将来への展望・未来像」のこと／本来は「見ること」→「視力・展望・未来像」

985

serve [sə́:rv]

動 仕える・勤務する・(飲食物を)出す・役立つ

service 名 乗り物の便・公共事業・勤務・奉仕

「形のない仕事をする」イメージ／serve as a good example「良い具体例として役立つ」は明治学院大で出た。

986

layout [léiàut]

名 配置・レイアウト

「部屋のレイアウト」は部屋の家具の「配置」

987

approve [əprú:v]

approval 名 承認

動 認める・賛成する

「良いと証明できた (prove) ものを認める」
→「認める・承認する・賛成する」と考えよ
う／approve of ～「～に同意する」

988

accomplish
[əká:mpliʃ]

accomplishment 名 達成

動 成し遂げる

accomplish all of my goals「私の目標を全
部達成する」／accomplish と同じ意味で
do を選ぶ問題が中央大で出題された。

989

restrict [ristríkt]

restriction 名 制限

動 制限する

「何度も (re) 厳しく (strict) する」→「制限
する」(strict「厳しい」)／ニュースでやたら
と使われる。

990

trial [tráiəl]

名 試み

最近は「お試しトライアル」とよく聞く（なぜ
同じ意味を2度重ねるのか不思議だが、受験生
には覚えやすい）／trial and error「試行錯
誤」

991

substance [sʌ́bstəns]

名 物質・実質

「下に (sub) 立っているもの (stance)」→「根底に存在するもの」→「物質・実質」／radioactive substance「放射性物質」

992

emperor [émpərər]

名 皇帝・天皇

「皇帝」の意味ばかりが強調されることが多いが、日本紹介の英文なら「天皇」となる／the Roman Emperor「ローマ皇帝」／Emperor Reiwa「令和天皇」

993

politics [pá:lətɪks]

名 政治・政治学

ics は「学問」を表し、「政治学」→「政治」と覚えよう／たまたま s で終わっているだけなので、動詞は（複数ではなく）単数扱い（Politics is 〜「政治学は〜だ」）

994

sail [séɪl]

sailor 名 船乗り

名 航海　動 航海をする

「セーラー服」は本来 sailor「船乗り」の服がモデルで、その sailor の動詞形が sail「航海をする・船旅をする」

995

reform [rɪfɔ́:rm]

動 改革する　名 改革

本来「再び (re) 形作る (form)」で、政治制度・会社の方針を改革するときに使う／「家のリフォーム」には renovate や remodel を使う（入試では重要ではないのでスルー OK）。

996

minimize [mínəmàɪz]

minimum 名 最小限

動 最小にする

「できるだけミニにする・ミニマム (minimum) にする」／対義語は maximize 「最大にする」(p.184 の 634)

997

phenomenon
[fɪná:mənà:n]

名 現象

Thunder is a natural phenomenon.「雷は自然現象だ」は青山学院大で出題。

998

candidate
[kǽndədèɪt]

名 候補者

選挙期間は英字新聞で毎日見かける単語／ただし、選挙に限らず、「仕事・受験の志願者」にも使える／candidates for the position「その役職への候補者」

999

secure [sɪkjúər]

形 安全な 動 確保する

本来「心配 (cure=care) から切り離された (se)」→「心配がない」→「安全な」→「安全に手元に固定する」→「確保する」

1000

method [méθəd]

名 方法

日本語「独自のメソッド」とは「独自の方法 (論)」のこと／use a new method「新しい方法を使う」／この本の新しい方法で 1000 語をマスターしよう!

次の(1)〜(5)の単語の意味を、①〜⑤から選びなさい。

1
(1) **originally**　(2) **license**　(3) **blank**　(4) **trend**
(5) **secure**

① 空白／空白の　② 傾向・流行　③ 元々は　④ 安全な／確保する　⑤ 免許（証）

A　(1) ③　(2) ⑤　(3) ①　(4) ②　(5) ④

2
(1) **brief**　(2) **donor**　(3) **appointment**　(4) **dust**
(5) **subtitle**

① (人と会う)約束・(病院の)予約・任命　② 寄贈者・臓器提供者
③ (映画・テレビの)字幕／字幕をつける　④ 短い・簡潔な／要約　⑤ ちり・ほこり

A　(1) ④　(2) ②　(3) ①　(4) ⑤　(5) ③

3
(1) **overnight**　(2) **exact**　(3) **agreement**　(4) **politics**
(5) **forgive**

① 正確な　② 同意　③ 政治・政治学　④ 一晩中・一夜で　⑤ 許す・免除する

A　(1) ④　(2) ①　(3) ②　(4) ③　(5) ⑤

4
(1) **remain**　(2) **gently**　(3) **reform**　(4) **actually**
(5) **biography**

① 実は　② 改革する／改革　③ 〜のままでいる・残る　④ 優しく　⑤ 伝記・経歴

A　(1) ③　(2) ④　(3) ②　(4) ①　(5) ⑤

5
(1) **citizen**　(2) **commit**　(3) **significant**　(4) **vision**
(5) **terrorism**

① 市民・国民　② 委ねる・(罪を)犯す　③ 意義深い・重要な・かなりの　④ 視力・展望
⑤ テロリズム・テロ行為

A　(1) ①　(2) ②　(3) ③　(4) ④　(5) ⑤

6
(1) serve (2) layout (3) conservative (4) consider
(5) chore

① 雑用・家事　② 保守的な　③ 配置・レイアウト
④ 仕える・勤務する・(飲食物を)出す・役立つ　⑤ 考える

A　(1) ④　(2) ③　(3) ②　(4) ⑤　(5) ①

7
(1) pollute (2) trial (3) intimate (4) farther
(5) bottled

① ボトル入りの　② 汚染する　③ より遠くに／もっと遠い　④ 試み　⑤ 親密な

A　(1) ②　(2) ④　(3) ⑤　(4) ③　(5) ①

8
(1) accomplish (2) satellite (3) kingdom
(4) departure (5) heal

① 衛星・人工衛星　② 治す・癒す　③ 成し遂げる　④ 王国・分野　⑤ 出発

A　(1) ③　(2) ①　(3) ④　(4) ⑤　(5) ②

9
(1) murder (2) rewrite (3) desire (4) route
(5) minimize

① 強く望む／願望　② 殺人／殺害する　③ 書き直す　④ 道・ルート　⑤ 最小にする

A　(1) ②　(2) ③　(3) ①　(4) ④　(5) ⑤

10
(1) birth (2) comment (3) missing (4) psychology
(5) necessity

① 出産・誕生　② 心理(学)　③ 行方不明の　④ 必要性
⑤ コメント・批評／批評する・述べる

A　(1) ①　(2) ⑤　(3) ③　(4) ②　(5) ④

次の(1)〜(5)の単語の意味を、①〜⑤から選びなさい。

11
(1) **tragedy**　(2) **unite**　(3) **incident**　(4) **devote**
(5) **review**

① 批評・復習／批評する・復習する　② 捧げる　③ 結びつける　④ 事件・出来事
⑤ 悲劇

A　(1)⑤　(2)③　(3)④　(4)②　(5)①

12
(1) **debt**　(2) **unlike**　(3) **ache**　(4) **crazy**
(5) **fluid**

① 借金・恩義　② 正気でない・夢中だ　③ 流動体／流動体の・流動的な
④ 痛み／痛む　⑤ 〜と違って

A　(1)①　(2)⑤　(3)④　(4)②　(5)③

13
(1) **suffer**　(2) **intelligent**　(3) **acquire**　(4) **deny**
(5) **cost**

① 知能が高い・理解力がある　② 否定する　③ 獲得する
④ (お金が)かかる・犠牲にする／費用　⑤ 苦しむ

A　(1)⑤　(2)①　(3)③　(4)②　(5)④

14
(1) **fasten**　(2) **regard**　(3) **reliable**　(4) **diagnosis**
(5) **furthermore**

① みなす／関連　② さらに　③ 診断　④ 信頼できる　⑤ しっかり固定する

A　(1)⑤　(2)①　(3)④　(4)③　(5)②

15
(1) **ashamed**　(2) **humor**　(3) **transform**　(4) **remote**
(5) **defend**

① ユーモア　② 恥ずかしく思って　③ 遠く離れた　④ 変える・変わる
⑤ 防御する・弁護する

A　(1)②　(2)①　(3)④　(4)③　(5)⑤

16 (1) link (2) occupation (3) owing (4) victim (5) proportion

① (...to ~で)~が原因で　② 犠牲者　③ 割合　④ つながり／つなぐ・結びつける
⑤ 占有・職業

A　(1) ④　(2) ⑤　(3) ①　(4) ②　(5) ③

17 (1) smooth (2) category (3) guideline (4) contrary (5) privacy

① 区分　② 滑らかな　③ ガイドライン（指針）　④ 反対／反対の／反して
⑤ プライバシー

A　(1) ②　(2) ①　(3) ③　(4) ④　(5) ⑤

18 (1) wage (2) solid (3) signature (4) manual (5) protection

① 署名　② 手の・手動の・体の／取扱説明書　③ 賃金　④ 保護
⑤ 固体の・しっかりした

A　(1) ③　(2) ⑤　(3) ①　(4) ②　(5) ④

19 (1) vitality (2) plug (3) afford (4) restrict (5) similarly

① 同様に　② 余裕がある・与える　③ 制限する　④ 電源に差し込む　⑤ 元気

A　(1) ⑤　(2) ④　(3) ②　(4) ③　(5) ①

20 (1) series (2) establish (3) behalf (4) cultural background (5) closely

① 一続き　② 文化的背景　③ 念入りに　④ 利益　⑤ 設立する

A　(1) ①　(2) ⑤　(3) ④　(4) ②　(5) ③

次の(1)～(5)の単語の意味を、①～⑤から選びなさい。

21 (1) pretend　(2) approve　(3) deadline　(4) extend　(5) further

① 締め切り　② 延長する・広げる・広がる　③ さらに(進んで)／さらに進んだ
④ ふりをする　⑤ 認める・賛成する

A　(1) ④　(2) ⑤　(3) ①　(4) ②　(5) ③

22 (1) thief　(2) secretly　(3) constant　(4) manufacture　(5) criticism

① 絶え間ない　② ひそかに　③ 批判・批評　④ 泥棒　⑤ 製造する／製造

A　(1) ④　(2) ②　(3) ①　(4) ⑤　(5) ③

23 (1) version　(2) quote　(3) emperor　(4) apologize　(5) boss

① 謝る　② 皇帝・天皇　③ ○○版・解釈　④ 引用する　⑤ 上司

A　(1) ③　(2) ④　(3) ②　(4) ①　(5) ⑤

24 (1) policy　(2) context　(3) slightly　(4) despair　(5) erase

① 消す　② 政策・方針　③ わずかに　④ 絶望／絶望する　⑤ 文脈・状況

A　(1) ②　(2) ⑤　(3) ③　(4) ④　(5) ①

25 (1) method　(2) combination　(3) dynamic　(4) resident　(5) depth

① 住人　② 動的な・活動的な　③ 方法　④ 結合　⑤ 深さ

A　(1) ③　(2) ④　(3) ②　(4) ①　(5) ⑤

Set 1	Set 2	Set 3	Set 4	Set 5	Set 6
/	/	/	/	/	/

26 (1) sole (2) unit (3) single (4) suburb (5) associate

① 唯一の ② 郊外 ③ 連想する・付き合う／同僚・社員 ④ たった1つの・独身の
⑤ 集団・単位

A (1)① (2)⑤ (3)④ (4)② (5)③

27 (1) crime (2) dull (3) minority (4) childcare (5) fortunately

① 育児（育児施設） ② 幸運にも ③ 犯罪 ④ 退屈な・鈍い ⑤ 半数以下・小数派

A (1)③ (2)④ (3)⑤ (4)① (5)②

28 (1) concrete (2) explore (3) brilliant (4) chill (5) capable

① 能力がある・有能な ② 具体的な／コンクリート ③ 冷やす／冷たさ
④ 探検する・調査する ⑤ 光り輝く・すばらしい

A (1)② (2)④ (3)⑤ (4)③ (5)①

29 (1) sum (2) available (3) currency (4) punctual (5) factor

① 時間を守る ② 利用できる・手に入る・都合がつく ③ 要因 ④ 金額・合計
⑤ 通貨・普及

A (1)④ (2)② (3)⑤ (4)① (5)③

30 (1) terrorist (2) appoint (3) oppose (4) irony (5) syndrome

① 症候群 ② テロリスト（テロリズム行為者） ③ 任命する・(日時などを)指定する
④ 反対する・反対させる ⑤ 皮肉

A (1)② (2)③ (3)④ (4)⑤ (5)①

次の(1)〜(5)の単語の意味を、①〜⑤から選びなさい。

31 (1) nervous (2) state (3) phenomenon (4) approach (5) conclude

① 緊張して・神経質な　② 近づく/接近　③ 結論を出す・終える　④ 現象
⑤ 状態・国家・州/述べる

A (1) ①　(2) ⑤　(3) ④　(4) ②　(5) ③

32 (1) offline (2) contrast (3) reject (4) wizard (5) bilingual

① 対照・対比　② 2言語を使う人/2言語を使う　③ 魔法使い　④ 拒絶する
⑤ オフラインの/オフラインで

A (1) ⑤　(2) ①　(3) ④　(4) ③　(5) ②

33 (1) despite (2) literature (3) substance (4) direct (5) joyful

① 直接の・直行の/指揮する　② 文学・文献・印刷物　③ 物質・実質
④ 喜びに満ちた　⑤ 〜にもかかわらず

A (1) ⑤　(2) ②　(3) ③　(4) ①　(5) ④

34 (1) immediately (2) candidate (3) sail (4) pollen (5) period

① 候補者　② 期間・時代・終止符　③ 航海/航海をする　④ 直ちに　⑤ 花粉

A (1) ④　(2) ①　(3) ③　(4) ⑤　(5) ②

35 (1) treatment (2) delete (3) peak (4) unlikely (5) arrow

① しなさそうな　② 頂点　③ 治療　④ 削除する　⑤ 矢

A (1) ③　(2) ④　(3) ②　(4) ①　(5) ⑤

36 (1) **responsibility** (2) **pursue** (3) **pause** (4) **exist** (5) **progress**

① 追求する・実行する　② 進歩／進歩する　③ 休止する／休止・中断
④ 責任　⑤ 存在する

A (1) ④ (2) ① (3) ③ (4) ⑤ (5) ②

37 (1) **scholarship** (2) **league** (3) **treat** (4) **slight** (5) **plain**

① わずかな　② 奨学金　③ 質素な・わかりやすい　④ (競技)連盟・同盟
⑤ 扱う・治療する・おごる／ごほうび・ごちそう

A (1) ② (2) ④ (3) ⑤ (4) ① (5) ③

38 (1) **diversity** (2) **enthusiastic** (3) **democracy** (4) **bias** (5) **automation**

① 多様性　② 民主主義　③ 自動化　④ 熱中している・乗り気な
⑤ 先入観・偏見／先入観を持たせる

A (1) ① (2) ④ (3) ② (4) ⑤ (5) ③

39 (1) **completely** (2) **vital** (3) **cover** (4) **dramatic** (5) **grocery**

① 劇的な・印象的な　② 完全に　③ 食料雑貨　④ 覆う・扱う・取材する・保険をかける
⑤ 生命の・重要な

A (1) ② (2) ⑤ (3) ④ (4) ① (5) ③

40 (1) **unfortunately** (2) **require** (3) **loose** (4) **campaign** (5) **dozen**

① (政治的・社会的)運動　② 緩い　③ 要求する　④ 残念なことに
⑤ 1ダース・12個

A (1) ④ (2) ③ (3) ② (4) ① (5) ⑤

予備校での絶景

予備校では夏期講習で「1000単語習得法」を話していたのですが、いつも最後にこう言いました。

> 以上で夏休み中に単語1000をマスターできる。ぜひやってくれよな。で、9月の最初の授業で必ず聞くから。「1000単語やった人、手を挙げて！」って。そのとき、堂々と手を挙げられるか、はたまた気まずそうな苦笑いになるか…頼むぞ！

そして実際に、9月の授業で聞きました。残念ながら全員ではないのですが、手を挙げた生徒の顔はイキイキとしていました。クラスによっては200人教室でも95％以上の生徒が手を挙げます。

絶景です。

普段授業中に手を挙げるなんてことをしない、大人びた高校生たちが、堂々と手を挙げる。しかも教室の全体でそれが起きる。教壇から見る、その光景は圧巻です。きっと生徒たちはもっと素晴らしい気持ちを抱いたはずです。

ぜひみなさんにもあの快感を味わってほしいと思います。そしていつかどこかでお会いすることがあれば、言ってください。「1000単語、私もやりました！」と。

+α

本編の1000の単語よりは
「重要度が下がる・知っている人が多い・基本的すぎる・ちょっと細かい」
などの単語です。余裕があれば目を通してください。

- [ ] absent [ǽbsənt] 形 欠席の・不在の
- [ ] achieve [ətʃíːv] 動 達成する
- [ ] act [ǽkt] 動 行動する・演じる
- [ ] age [éɪdʒ] 動 年をとる・(ある社会や集団が)高齢化する
- [ ] AI [èɪáɪ] 名 人工知能 (artificial intelligenceの略)
- [ ] alive [əláɪv] 形 生きている
- [ ] allow [əláʊ] 動 許可する
- [ ] amused [əmjúːzd] 形 おもしろい・楽しい
- [ ] ancestor [ǽnsestər] 名 先祖
- [ ] animation [ænəméɪʃən] 名 元気・アニメ
- [ ] announce [ənáʊns] 動 発表する
- [ ] anyway [éniwèɪ] 副 とにかく
- [ ] app [ǽp] 名 アプリ
- [ ] appear [əpíər] 動 現れる・見える
- [ ] army [áːrmi] 名 陸軍・軍隊
- [ ] article [áːrtɪkl] 名 物・記事
- [ ] asleep [əslíːp] 形 眠って
- [ ] atomic [ətáːmɪk] 形 原子の
- [ ] attend [əténd] 動 出席する・世話をする
- [ ] attract [ətrǽkt] 動 引きつける

- [ ] attraction [ətrǽkʃən] 名 魅力・呼び物・(観光の)名所
- [ ] audience [ɔ́ːdiəns] 名 聴衆
- [ ] average [ǽvərɪdʒ] 名 平均
- [ ] award [əwɔ́ːrd] 動 授与する
- [ ] awesome [ɔ́ːsəm] 形 すばらしい・最高の
- [ ] backpack [bǽkpæk] 名 バックパック(リュックサック)
- [ ] base [béɪs] 名 基本・基地
- [ ] basic [béɪsɪk] 形 基礎的な
- [ ] behave [bɪhéɪv] 動 振る舞う
- [ ] behavior [bɪhéɪvjər] 名 振る舞い・態度
- [ ] besides [bɪsáɪdz] 副 その上
- [ ] bite [báɪt] 動 噛む
- [ ] bitter [bítər] 形 苦い・辛辣な
- [ ] boil [bɔ́ɪl] 動 ゆでる・沸騰する
- [ ] border [bɔ́ːrdər] 名 境界・国境
- [ ] bottom [báːtəm] 名 底・真相・結論
- [ ] brave [bréɪv] 形 勇敢な
- [ ] bright [bráɪt] 形 明るい・頭が良い
- [ ] brush [brʌ́ʃ] 動 磨く・ブラシをかける
- [ ] canal [kənǽl] 名 運河
- [ ] cancel [kǽnsl] 動 キャンセルする(取り消す)
- [ ] cancer [kǽnsər] 名 ガン

☐ carbon dioxide (CO₂)
[káːrbən daiáːksaid] 名 二酸化炭素

☐ career [kəríər]
名 経歴・(生涯の)仕事・職業

☐ case [kéis] 名 場合・実例・事実・真実

☐ cause [kɔ́ːz] 動 引き起こす 名 原因

☐ ceiling [síːlɪŋ] 名 天井

☐ celebrate [séləbrèit] 動 祝う

☐ cell phone [sél fóun] 名 携帯電話

☐ central [séntrəl] 形 中心的な・重要な

☐ ceremony [sérəmòuni]
名 式(式典・儀式)

☐ chart [tʃáːrt] 名 表

☐ chase [tʃéis] 動 追いかける

☐ chat [tʃǽt] 動 おしゃべりする

☐ chopsticks [tʃáːpstɪks] 名 箸

☐ classical [klǽsɪkl] 形 古典的な

☐ clear [klíər] 動 片づける

☐ clever [klévər] 形 賢い

☐ climate [kláimət] 名 気候

☐ cloth [klɔ́ːθ] 名 布

☐ clothing [klóuðiŋ] 名 衣類(全般)

☐ committee [kəmíti] 名 委員会

☐ compare [kəmpéər] 動 比べる

☐ confuse [kənfjúːz]
動 混同する・当惑させる

☐ content [káːntent] [kəntént]
名 中身・内容 形 満足して

☐ continent [káːntənənt] 名 大陸

☐ continue [kəntínjuː] 動 続く・続ける

☐ convenience [kənvíːnjəns] 名 便利

☐ convenient [kənvíːnjənt] 形 便利な

☐ costume [káːst(j)uːm] 名 衣裳

☐ couple [kʌ́pl] 名 1組

☐ courage [káːrɪdʒ] 名 勇気

☐ course [kɔ́ːrs] 名 進路・方向・コース

☐ creature [kríːtʃər] 名 生き物

☐ cultural [kʌ́ltʃ(ə)rəl] 形 文化の

☐ custom [kʌ́stəm] 名 習慣・税関

☐ customer [kʌ́stəmər] 名 顧客

☐ daily [déili] 形 毎日の・日常の

☐ damage [dǽmidʒ] 動 損害を与える

☐ data [déitə] 名 データ・資料

☐ dead [déd] 形 死んだ

☐ deal [díːl] 動 配る・扱う

☐ death [déθ] 名 死

☐ debate [dɪbéit] 名 議論

☐ decision [disíʒən] 名 決心・決断

☐ decorate [dékərèit] 動 装飾する

☐ decrease [dìkríːs] [díːkriːs]
動 減る・減らす 名 減少

☐ demon [díːmən] 名 鬼・悪魔

☐ describe [dɪskráib] 動 描く・説明する

☐ desert [dézərt] 名 砂漠

☐ design [dɪzáin]
動 設計する・意図する・狙う

☐ destroy [dɪstrɔ́i] 動 破壊する

☐ diary [dáiəri] 名 日記

☐ die [dái] 動 死ぬ

☐ digital [dídʒətl] 形 デジタルの

☐ dinosaur [dáinəsɔ̀ːr] 名 恐竜

☐ disagree [dìsəgríː] 動 意見が合わない

☐ discount [dískaunt] 名 割引

☐ discover [dɪskʌ́vər] 動 発見する

- [ ] discovery [dɪskʌ́vəri] 名 発見
- [ ] discuss [dɪskʌ́s] 動 話し合う
- [ ] discussion [dɪskʌ́ʃən] 名 討議・討論
- [ ] disease [dɪzíːz] 名 病気
- [ ] dislike [dɪsláɪk] 動 嫌う
- [ ] display [dɪspléɪ] 名 展示 動 展示する
- [ ] do [du] 動 する・間に合う
- [ ] dome [dóum] 名 丸屋根・ドーム
- [ ] earthquake [ə́ːrθkwèɪk] 名 地震
- [ ] eastern [íːstərn] 形 東部の・東の
- [ ] effort [éfərt] 名 努力
- [ ] either [íːðər] 形 どちらかの
- [ ] electric [ɪléktrik] 形 電気の
- [ ] electricity [ɪlektrísəti] 名 電気
- [ ] empty [émpti] 形 空っぽの
- [ ] encourage [ɪnkə́ːrɪdʒ] 動 励ます・促す
- [ ] energy [énərdʒi] 名 エネルギー・活力
- [ ] engine [éndʒin] 名 エンジン
- [ ] enough [ɪnʌ́f] 副 十分に・〜なほど
- [ ] enter [éntər] 動 入る
- [ ] envelope [ɪnvéləp] 名 封筒
- [ ] environment [ɪnváɪərnmənt]
  名 環境
- [ ] environmental [ɪnvàɪərənméntl]
  形 環境の
- [ ] equality [ɪkwάːləti] 名 平等
- [ ] escape [ɪskéɪp] 動 逃れる
- [ ] especially [ɪspéʃəli] 副 特に
- [ ] essay [éseɪ] 名 エッセイ(随筆)・小論文
- [ ] ethnic [éθnɪk] 形 民族の・人種の
- [ ] exactly [ɪgzǽktli] 副 正確に・まさに

- [ ] exchange [ɪkstʃéɪndʒ]
  動 交換する・両替する
- [ ] exercise [éksərsàɪz] 動 運動する・使う
- [ ] exit [égzət] 名 出口 動 立ち去る
- [ ] expect [ɪkspékt]
  動 期待する・予想する
- [ ] experience [ɪkspíəriəns]
  名 経験 動 経験する
- [ ] experiment [ɪkspérəmənt] 名 実験
- [ ] explain [ɪkspléɪn] 動 説明する
- [ ] express [ɪksprés] 動 表現する
- [ ] extra [ékstrə] 形 余分の
- [ ] fair [féər] 形 公平な・かなりの
- [ ] fairy [féəri] 名 妖精
- [ ] fashion [fǽʃən] 名 流行・方法
- [ ] favor [féɪvər] 名 親切な行い
- [ ] feather [féðər] 名 羽
- [ ] feature [fíːtʃər]
  名 特集・特徴・顔立ち 動 特集する
- [ ] female [fíːmeɪl] 形 女性の
- [ ] fever [fíːvər] 名 熱・熱狂
- [ ] fiction [fíkʃən]
  名 フィクション(小説・作り話)
- [ ] film [fílm] 名 映画
- [ ] finally [fáɪnəli] 副 最後に
- [ ] fine [fáɪn]
  形 立派な・晴れた・元気な・細かい
- [ ] fit [fít] 動 (大きさが)合う
- [ ] flavor [fléɪvər] 名 味
- [ ] float [flóut]
  動 浮かぶ・漂う・浮かべる
- [ ] flood [flʌ́d] 名 洪水

- [ ] focus [fóukəs] 動 重点を置く
- [ ] fold [fóuld] 動 折りたたむ・(腕を)組む
- [ ] foolish [fú:lɪʃ] 形 愚かな
- [ ] force [fɔ́:rs] 動 強いる
- [ ] forecast [fɔ́:rkæ̀st] 動 予想する・(天気)を予報する 名 (天気)予報
- [ ] foreign [fɔ́:rən] 形 外国の
- [ ] forget [fərgét] 動 忘れる
- [ ] fossil [fá:sl] 名 化石
- [ ] freeze [frí:z] 動 凍る・凍らせる
- [ ] frozen [fróuzn] 形 冷凍の
- [ ] funny [fʌ́ni] 形 おかしい
- [ ] furniture [fə́:rnɪtʃər] 名 家具類
- [ ] gap [gǽp] 名 差
- [ ] gather [gǽðər] 動 集まる・集める
- [ ] gender [dʒéndər] 名 性
- [ ] gesture [dʒéstʃər] 名 ジェスチャー・身振り
- [ ] gift [gíft] 名 贈り物・才能
- [ ] global [glóubl] 形 地球の
- [ ] globe [glóub] 名 地球
- [ ] goods [gúdz] 名 商品
- [ ] government [gʌ́vərnmənt] 名 政府
- [ ] graduate [grǽdʒuèit] 動 卒業する
- [ ] graduation [græ̀dʒuéiʃən] 名 卒業(式)
- [ ] greatly [gréitli] 副 非常に
- [ ] guest [gést] 名 招待客
- [ ] handout [hǽndàut] 名 (教室などで配る)プリント
- [ ] harbor [há:rbər] 名 湾・港
- [ ] helpful [hélpfl] 形 役に立つ
- [ ] heritage [hérətɪdʒ] 名 遺産

- [ ] hide [háid] 動 隠す・隠れる
- [ ] historical [hɪstɔ́:rɪkl] 形 歴史的な
- [ ] honest [á:nəst] 形 正直な
- [ ] horror [hɔ́:rər] 名 恐怖
- [ ] however [hauévər] 副 しかしながら
- [ ] human being [hjú:mən bí:ɪŋ] 名 人間・人類
- [ ] human rights [hjú:mən ráits] 名 人権
- [ ] hunger [hʌ́ŋgər] 名 空腹・飢え
- [ ] hunt [hʌ́nt] 動 狩りをする・探し求める
- [ ] hurry [hə́:ri] 動 急ぐ
- [ ] illness [ílnəs] 名 病気
- [ ] image [ímɪdʒ] 名 像・印象
- [ ] imagination [imæ̀dʒənéiʃən] 名 想像(力)
- [ ] imagine [ɪmǽdʒɪn] 動 想像する
- [ ] import [ímpɔːrt] [impɔ́:rt] 名 輸入(品) 動 輸入する
- [ ] impossible [ɪmpá:səbl] 形 不可能な
- [ ] impression [ɪmpréʃən] 名 印象
- [ ] improve [ɪmprú:v] 動 改善する
- [ ] include [ɪnklú:d] 動 含む
- [ ] including [ɪnklú:dɪŋ] 前 ~を含めて
- [ ] increase [inkrí:s] [ínkrɪːs] 動 増える 名 増加
- [ ] indoors [índɔ̀:rz] 副 室内で
- [ ] influence [ínfluəns] 名 影響
- [ ] inspire [ɪnspáiər] 動 やる気にさせる・インスピレーションを与える
- [ ] instance [ínstəns] 名 例
- [ ] instant [ínstənt] 名 瞬間
- [ ] instead [ɪnstéd] 副 その代わりに

interview [íntərvjùː]
名 面接 動 面接する

invent [ɪnvént] 動 発明する

invitation [ìnvətéɪʃən] 名 招待

involve [ɪnvάːlv] 動 巻き込む・含む・伴う

iron [áɪərn] 名 鉄

island [áɪlənd] 名 島

journal [dʒə́ːrnl] 名 新聞

joy [dʒɔ́ɪ] 名 喜び

judge [dʒʌ́dʒ] 動 判断する

justice [dʒʌ́stɪs] 名 公平・正義・司法

kettle [kétl] 名 やかん

knowledge [nάːlɪdʒ] 名 知識

labor [léɪbər] 名 労働

lack [lǽk] 名 不足

ladder [lǽdər] 名 はしご・出世の手段

lantern [lǽntərn] 名 ちょうちん

last [lǽst] 動 続く

lately [léɪtli] 副 最近は

law [lɔ́ː] 名 法・法律

lead [líːd] 動 導く・至る

leaf [líːf] 名 葉

leave [líːv] 動 残す・置き忘れる・去る・
出発する・任せる

legal [líːgl] 形 法律の・合法の

let [lét] 動 ～させる

liberty [líbərti] 名 自由

light [láɪt] 形 明るい・軽い

limit [límət] 名 制限

lock [lάːk] 動 カギをかける

lonely [lóunli] 形 孤独な・寂しい

loud [láud] 形 大声の

lovely [lʌ́vli]
形 美しい・かわいい・すてきな

low [lóu] 形 低い・安い

male [méɪl] 形 男性の

manage [mǽnɪdʒ]
動 管理する・やり遂げる

manager [mǽnɪdʒər] 名 経営者・部長

manner [mǽnər] 名 方法・態度・行儀
(「態度・行儀」の意味のときは必ずmannersになる)

march [mάːrtʃ] 動 行進する

marry [mǽri] 動 結婚する

Mars [mάːrz] 名 火星

match [mǽtʃ] 動 似合う・匹敵する

material [mətíəriəl] 名 材料・原料

matter [mǽtər]
名 物体・事柄・問題 形 重要だ

meaningful [míːnɪŋfl] 形 意味のある

medical [médikl] 形 医学の・医療の

melt [mélt] 動 溶ける

metal [métl] 名 金属

microscope [máɪkrəskòup] 名 顕微鏡

mild [máɪld] 形 穏やかな

mineral [mínərəl] 名 鉱物・ミネラル

mission [míʃən] 名 使命・使節(団)

mix [míks] 動 混ぜる

mobile [móubl]
形 移動可能な・動き回れる

model [mάːdl] 名 模型・見本

modern [mάːdərn] 形 現代の

moreover [mɔːróuvər] 副 その上

move [múːv] 動 感動させる・引っ越す

movement [múːvmənt] 名 動き

- [ ] mysterious [mɪstíəriəs] 形 不思議な
- [ ] mystery [místri] 名 謎・推理小説
- [ ] nap [nǽp] 名 昼寝・仮眠
- [ ] native [néɪtɪv] 形 本来その土地の・生まれつきの
- [ ] natural [nǽtʃərəl] 形 自然の・当然の
- [ ] nature [néɪtʃər] 名 自然・性質・本質
- [ ] nearby [nìərbáɪ] 形 近くの
- [ ] nearly [níərli] 副 もう少しで・ほとんど
- [ ] negative [négətɪv] 形 否定的な・消極的な
- [ ] neighbor [néɪbər] 名 近所の人
- [ ] neighborhood [néɪbərhùd] 名 近所
- [ ] neither [níːðər] 形 どちらも〜でない
- [ ] nobody [nóubədi] 代 誰も〜ない
- [ ] noisy [nɔ́ɪzi] 形 騒々しい
- [ ] note [nóut] 名 メモ・注・紙幣
- [ ] notice [nóutəs] 動 気づく・注目する
- [ ] nuclear [n(j)úːkliər] 形 核の・原子力の
- [ ] offer [ɔ́ːfər] 動 提供する・申し出る
- [ ] official [əfíʃəl] 形 公の
- [ ] operate [áːpərèɪt] 動 操作する・機能する・営業する
- [ ] operation [àːpəréɪʃən] 名 営業・操作・手術
- [ ] opinion [əpínjən] 名 意見
- [ ] opportunity [àːpərt(j)úːnəti] 名 機会
- [ ] order [ɔ́ːrdər] 名 順序・整頓・秩序・命令・注文
- [ ] origin [ɔ́ːrədʒɪn] 名 起源
- [ ] outdoor [àutdɔ́ːr] 形 屋外の
- [ ] outdoors [àutdɔ́ːrz] 副 外で
- [ ] oven [ʌ́vn] 名 オーブン
- [ ] own [óun] 動 持っている・所有する
- [ ] owner [óunər] 名 所有者
- [ ] oxygen [áːksɪdʒən] 名 酸素
- [ ] pain [péɪn] 名 苦痛・苦悩・骨折り
- [ ] participate [paːrtísəpèɪt] 動 参加する
- [ ] past [pǽst] 形 過去の・終わった
- [ ] peaceful [píːsfl] 名 平和な・穏やかな
- [ ] per [pə́ːr] 前 〜に従って
- [ ] perform [pərfɔ́ːrm] 動 行う・成し遂げる
- [ ] performance [pərfɔ́ːrməns] 名 遂行・実行・実績
- [ ] perhaps [pərhǽps] 副 もしかすると
- [ ] physical [fízikl] 形 身体の・物質的な・物質の
- [ ] plant [plǽnt] 名 植物・工場 動 植える
- [ ] plastic bag [plǽstɪk bǽg] 名 ビニール袋
- [ ] plastic bottle [plǽstɪk báːtl] 名 ペットボトル
- [ ] pleasure [pléʒər] 名 楽しみ
- [ ] poison [pɔ́ɪzn] 名 毒・有害なもの
- [ ] pole [póul] 名 極・棒
- [ ] polite [pəláɪt] 形 丁寧な・礼儀正しい
- [ ] population [pàːpjəléɪʃən] 名 人口
- [ ] port [pɔ́ːrt] 名 港
- [ ] positive [páːzətɪv] 形 前向きな・積極的な
- [ ] pray [préɪ] 動 祈る・強く願い求める
- [ ] precious [préʃəs] 形 貴重な
- [ ] prepare [prɪpéər] 動 準備する

- [ ] press [prés]
  動 押す・押し付ける・アイロンをかける
- [ ] private [práivət] 形 民間の・個人の
- [ ] prize [práiz] 名 賞
- [ ] promise [prá:məs] 動 約束する
- [ ] provide [prəváid] 動 供給する
- [ ] public [pʌ́blik] 形 公の
- [ ] publish [pʌ́bliʃ] 動 出版する・公表する
- [ ] purpose [pə́:rpəs] 名 目的
- [ ] purse [pə́:rs] 名 財布・ハンドバッグ
- [ ] quality [kwá:ləti] 名 質
- [ ] quarter [kwɔ́:rtər] 名 4分の1・15分
- [ ] quick [kwík] 形 すばやい
- [ ] quiet [kwáiət] 形 静かな
- [ ] race [réis] 名 民族・人種
- [ ] reach [rí:tʃ] 動 到着する・手を伸ばす
- [ ] reality [riǽləti] 名 現実
- [ ] realize [rí:əlàiz] 動 実現する・理解する
- [ ] reason [rí:zn] 名 理性・理由
- [ ] recently [rí:sntli] 副 最近
- [ ] recover [rikʌ́vər] 動 回復する
- [ ] recycling [rì:sáiklin]
  名 リサイクル(をすること)
- [ ] refrigerator [rifrídʒərèitər] 名 冷蔵庫
- [ ] release [rilí:s]
  動 解放する・新発売する
- [ ] remember [rimémbər]
  動 覚えている・思い出す
- [ ] remove [rimú:v] 動 取り除く
- [ ] repair [ripéər] 動 修理する
- [ ] replace [ripléis]
  動 取り替える・取って代わる
- [ ] reply [riplái] 動 返信する
- [ ] represent [rèprizént]
  動 表す・代表する
- [ ] research [rí:sə̀:rtʃ]/[risə́:rtʃ]
  名 調査・研究
- [ ] resource [rí:sɔːrs] 名 資源
- [ ] respect [rispékt] 動 尊敬する
- [ ] rest [rést] 名 休息・残る
- [ ] result [rizʌ́lt] 名 結果・(試験の)成績
- [ ] retire [ritáiər] 動 引退する
- [ ] reuse [rì:jú:z] 動 再利用する
- [ ] rise [ráiz] 動 上がる
- [ ] risk [rísk] 名 危険
- [ ] role [róul] 名 役割
- [ ] row [róu] 名 列
- [ ] sacred [séikrəd] 形 神聖な
- [ ] salty [sɔ́:lti] 形 塩気のある
- [ ] satisfy [sǽtəsfài] 動 満足させる
- [ ] save [séiv] 動 救う・省く・節約する
- [ ] scared [skéərd] 形 (～を)こわがって
- [ ] scene [sí:n] 名 場面・景色
- [ ] schedule [skédʒu:l] 名 予定
- [ ] scientific [sàiəntífik] 形 科学的な
- [ ] scold [skóuld] 動 叱る
- [ ] score [skɔ́:r] 名 得点・20・多数
- [ ] scream [skrí:m] 動 叫び声を上げる
- [ ] screen [skrí:n] 名 (スマートフォンなどの)画面・スクリーン状の囲み
- [ ] search [sə́:rtʃ] 動 探す
- [ ] secondly [sékəndli] 副 第二に
- [ ] seed [sí:d] 名 種
- [ ] seem [sí:m] 動 ～のようだ

- [ ] sense [séns] 名 感覚・分別・正気・意味
- [ ] separate [sépərèit] 動 分類する
- [ ] serious [síəriəs] 形 深刻な・まじめな
- [ ] several [sévrəl] 形 いくつかの
- [ ] severe [sɪvíər] 形 厳しい
- [ ] shade [ʃéid]
  名 日陰・明暗の度合い・日よけ
- [ ] shake [ʃéik] 動 振る
- [ ] share [ʃéər] 動 分ける・共有する
- [ ] sharp [ʃáːrp] 形 鋭い
- [ ] shelf [ʃélf] 名 棚
- [ ] shine [ʃáin] 動 輝く
- [ ] shortage [ʃɔ́ːrtɪdʒ] 名 不足
- [ ] shout [ʃáut] 動 叫ぶ
- [ ] shut [ʃʌt] 動 閉める
- [ ] sign [sáin]
  名 目印・合図・兆候・表れ・記号・看板
- [ ] sincerely [sɪnsíərli] 副 心から
- [ ] sink [síŋk] 動 沈む・沈める
- [ ] site [sáit] 名 用地・場所
- [ ] situation [sìtʃuéiʃən] 名 状況
- [ ] skip [skíp]
  動 スキップする・飛ばす・サボる
- [ ] smart [smáːrt] 形 賢い
- [ ] smartphone [smáːrtfóun]
  名 スマートフォン
- [ ] smash [smǽʃ]
  動 砕ける・砕く・(記録などを)大差で破る
- [ ] smell [smél]
  動 においがする・においをかぐ
- [ ] social [sóuʃəl] 形 社会的な・社交の

- [ ] social media [sóuʃəl míːdiə]
  名 ソーシャルメディア
- [ ] solar [sóulər] 形 太陽の
- [ ] solve [sáːlv] 動 解く・解決する
- [ ] sometime [sʌ́mtàim] 副 いつか
- [ ] somewhere [sʌ́mwèər] 副 どこか
- [ ] sound [sáund]
  動 〜のようだ・〜に聞こえる
- [ ] source [sɔ́ːrs] 名 源
- [ ] southern [sʌ́ðərn] 形 南の・南にある
- [ ] species [spíːʃiːz] 名 種
- [ ] spend [spénd] 動 費やす
- [ ] spirit [spírət] 名 精神
- [ ] spread [spréd] 動 広がる・広げる
- [ ] stand [stǽnd] 動 立つ・我慢する
- [ ] standard [stǽndərd] 名 標準
- [ ] status [stǽtəs] 名 地位・状態
- [ ] steal [stíːl] 動 盗む
- [ ] steam [stíːm] 名 水蒸気・蒸気
- [ ] strength [stréŋkθ] 名 強さ
- [ ] stretch [strétʃ] 動 伸ばす
- [ ] strict [stríkt] 形 厳しい
- [ ] stupid [st(j)úːpəd] 形 愚かな
- [ ] suddenly [sʌ́dnli] 副 突然に
- [ ] suit [súːt] 動 似合う
- [ ] sunset [sʌ́nsèt] 名 日没
- [ ] supply [səplái] 動 供給する
- [ ] surround [səráund] 動 囲む
- [ ] survey [səːrvéi] 動 調査する
- [ ] survive [sərváiv]
  動 〜より長生きする・生き延びる
- [ ] swing [swíŋ] 動 揺らす・揺れる

- [ ] symbol [símbl] 名 象徴・記号
- [ ] tablet [tǽblət] 名 錠剤・タブレット端末
- [ ] talent [tǽlənt] 名 才能
- [ ] text [tékst] 動 (スマホでメッセージを)送る・メッセージを打つ
- [ ] theme [θíːm] 名 テーマ
- [ ] therefore [ðéərfɔːr] 副 それゆえ
- [ ] thick [θík] 形 厚い・太い・濃い
- [ ] throat [θróut] 名 のど
- [ ] tiny [táini] 形 とても小さな
- [ ] tongue [tʌ́ŋ] 名 舌・言語
- [ ] touch [tʌ́ʧ] 動 触れる・感動させる
- [ ] tough [tʌ́f] 形 丈夫な・堅い・骨が折れる・難しい
- [ ] trade [tréid] 名 貿易・取引
- [ ] tradition [trədíʃən] 名 伝統
- [ ] traditional [trədíʃənl] 形 伝統的な・従来の・古くさい
- [ ] translate [trǽnsleit] 動 翻訳する
- [ ] translation [trænsléiʃən] 名 翻訳
- [ ] treasure [tréʒər] 名 宝物
- [ ] trust [trʌ́st] 動 信頼する
- [ ] truth [trúːθ] 名 真実
- [ ] tunnel [tʌ́nl] 名 トンネル
- [ ] unfair [ʌnféər] 形 不公平な・不当な
- [ ] unique [ju(ː)níːk] 形 独特な
- [ ] universal [jùːnəvə́ːrsl] 形 全世界の・普遍的な
- [ ] unusual [ʌnjúːʒuəl] 形 普通でない
- [ ] usual [júːʒuəl] 形 いつもの
- [ ] view [vjúː] 動 見なす
- [ ] violence [váiələns] 名 暴力

- [ ] violent [váiələnt] 形 暴力的な・激しい
- [ ] vocabulary [voukǽbjəlèri] 名 語彙
- [ ] wake [wéik] 動 目を覚ます・目を覚まさせる
- [ ] wallet [wáːlət] 名 財布
- [ ] weekday [wíːkdèi] 名 平日
- [ ] whether [wéðər] 接 ～であろうとなかろうと
- [ ] whole [hóul] 形 全体の・完全な
- [ ] willing [wíliŋ] 形 進んで～する
- [ ] wipe [wáip] 動 拭く
- [ ] wise [wáiz] 形 賢い
- [ ] wonder [wʌ́ndər] 動 不思議に思う
- [ ] wrong [rɔ́ːŋ] 形 間違った・正常でない
- [ ] youth [júːθ] 名 青年時代・若さ

本書に収録されている単語をアルファベット順に記しています。
太字は見出し語、細字は派生語です。

A

『英単語スパルタ』シリーズの3冊に掲載されている
見出し語1000語をアルファベット順に記しています。

1 (standard level)

A

abroad
absolutely
academic
accent
acceptance
access
accomplish
account
accurate
accustom
ache
achievement
acquire
actual
actually
adapt
additionally
address
adequate
adjust
admire
admission
admit
adopt
advance
advise
affect
afford
agency
aggressive
agreement
ahead
aid
aim
aisle
alcohol
alike
amazed
ambition
ambitious

analogy
analyze
ancient
anger
angle
anniversary
anticipate
anxiety
anxious
anytime
apart
apologize
appeal
apply
appoint
appointment
approach
appropriate
approve
approximately
architecture
argue
arithmetic
arrange
arrow
art gallery
artificial
ash
ashamed
aspect
assistance
associate
astronomer
astronomy
atmosphere
attach
attempt
attitude
automation
available
avoid
awake

aware

B

background
baggage
bark
barometer
basis
bathe
bay
bear
beard
beg
behalf
being
belief
bend
beneficial
beverage
bias
bilingual
bill
bind
biography
biology
birth
birthrate
blame
blank
blind
blood
blow
boast
bookshelf
bore
boss
bother
bottled
bow
brand
breath
brief

brilliant
broad
broadcast
brow
Buddhism
bulb
bull
bury
business trip

C
cab
calm
campaign
candidate
capable
capacity
capital
capture
careless
cash
casual
category
cattle
caution
cell
certain
certainty
challenge
championship
chaos
charger
checkup
chemical
chemistry
chief
childcare
childhood
chill
choice
chore
citizen
claim
client

clinic
clone
closely
clue
coal
coast
code
colleague
column
combat
combination
combine
comfort
comfortable
comment
commit
common
communication
community
compete
competition
complete
completely
complex
complicated
conceal
concentrate
concept
concern
conclude
concrete
condition
conduct
conference
confidence
confident
congratulate
connection
conscious
consequence
consequently
conservative
conserve
consider

consideration
constant
construct
consult
consume
consumer
contain
container
context
contrary
contrast
control
converse
convey
convince
cooperate
copy
core
correct
cost
cough
coupon
cover
crash
crazy
creativity
crew
crime
criminal
crisis
criticism
criticize
crowd
cultivate
cultural background
cure
curiosity
curious
currency
current
currently
cycle

D

deadline
debt
debut
decade
declare
dedicate
defend
define
delay
delete
delicate
deliver
demand
democracy
demonstration
deny
depart
department
departure
depend
depth
deserve
desire
despair
despite
destination
destiny
detail
determine
developing
development
device
devote
diagnosis
diagram
diet
differ
digest
dining
direct
directly
dirt
disadvantage

disaster
discrimination
dispose
distant
distinguish
disturb
diversity
divide
division
divorce
document
domestic
donate
donor
double
doubt
download
downstairs
dozen
draft
dramatic
drown
drunk
due
dull
dust
duty
dynamic

E

eager
earn
economy
edge
edit
edition
educate
effect
efficient
elder
elect
election
element
elementary

emergency
emotion
emotional
emperor
employ
employer
enable
enemy
engineering
entertainment
enthusiastic
entire
equal
equally
era
erase
essential
establish
estate
estimate
eternal
evidence
evil
evolution
evolve
exact
examination
examine
except
exception
exclude
exhaust
exist
expand
explore
export
extend
extension
extreme

F

factor
failure
faith

fake
false
familiar
fantasy
fare
farther
fasten
fate
fatigue
fault
fear
fee
feedback
fellow
fiber
finance
financial
finite
fix
flat
flaw
flexible
flour
flow
fluent
fluently
fluid
flyer · flier
fog
following
forbid
foresee
forgive
form
formal
former
formerly
fortunate
fortunately
fortune
found
foundation
frank
frankly

frequently
frighten
frontier
fuel
full-time
fully
function
fund
further
furthermore
furthest

G

gain
gene
general
generally
generate
generous
genre
gently
global warming
glory
gone
goodness
gradually
grammar
gratitude
gravity
greeting
grocery
growth
guided
guideline
guilty

H

habitat
hardly
harmful
headline
headquarters
heal
heavily

height
hierarchy
highly
hire
holy
hood
hopeful
horizon
hospitality
housing
hug
humanity
humid
humor

I

ideal
ideology
idle
ignore
illusion
illustration
imitate
immediately
impact
impose
incident
income
inconvenience
increasingly
incredible
indeed
independent
indicate
individual
indoor
industry
inevitable
infant
inferior
inform
informal
ingredient
injure

injury
inner
innocent
innovation
innovative
inquire
insist
inspect
instinct
institution
instruct
instrument
intellectual
intelligence
intelligent
internal
interpret
interrupt
intersection
intimate
introduction
invest
investigate
irony
isolation

J

jealous
jewelry
journey
joyful

K

kingdom
knit

L

label
laboratory
laptop
latest
latter
laughter
lay

layer
layout
lazy
leadership
league
lean
leap
lecture
legacy
legend
leisure
length
lessen
lesser
license
lie
likely
linguist
link
liquid
literature
locally
logical
loose
lower
loyal
luckily
luggage

M

mad
mainly
maintain
majority
mansion
manual
manufacture
mass
master
maternity
mature
maximize
maximum
means

mechanic
medication
membership
mental
mention
mere
method
microwave
military
millionaire
minimize
minimum
minor
minority
missing
mist
modest
moist
mood
motion
motivate
motive
moving
multiple
murder

N

narrative
narrowly
nation
natural gas
navigate
navy
necessarily
necessity
nervous
nevertheless
none
nonetheless
non-governmental
normally
notify
nourish
nowadays

O

obey
object
observe
obstruct
obtain
obvious
occasion
occasionally
occupation
occupy
occur
odd
offline
omit
oppose
opposite
option
oral
ordinary
organize
organizer
originally
otherwise
outcome
overnight
overseas
owing

P

package
paid
palace
paragraph
parasite
parking
particular
part-time
passion
passive
path
patience
pause
payment

peak
peel
perceive
percentage
period
permanent
permit
personal information
personality
persuade
phase
phenomenon
philosophy
phrase
physician
pill
pillar
pillow
pity
plain
pleased
plenty
plug
poet
policy
polish
politician
politics
poll
pollen
pollute
popularity
position
possess
possibility
possibly
postpone
poverty
praise
precise
predict
prefer
preparation
preschool

preserve
pretend
prevent
previously
prime
prior
priority
prison
privacy
probable
process
production
productive
productivity
profit
progress
prohibit
promotion
pronounce
proper
proportion
propose
protection
protein
protest
proudly
prove
psychologist
psychology
punctual
punish
puppy
purchase
pure
pursue

Q

quantity
quit
quite
quote

R

raise

random
range
rapid
rare
rarely
rather
ray
react
reaction
recall
recognize
recommend
recovery
reduce
reduction
refer
reflect
reform
refresh
refuse
regard
region
regional
register
regret
regular
regularly
reject
relate
relative
reliable
relief
religion
rely
remain
remarkable
remind
remote
rent
repeatedly
reputation
request
require
resemble

reserve
resident
respond
response
responsibility
responsible
restrict
review
revolution
rewrite
rhythm
rid
rival
rob
root
rough
route
routine
royal
rude
rumor
rural
rush

S
sail
salary
satellite
scale
scarcely
scholarship
scope
script
second
secondhand
secretly
secure
security
seldom
selection
selfish
semester
senior
series

seriously
serve
service
shame
shift
shocking
shorten
sight
signal
signature
significant
silence
silk
silly
similarly
simply
single
skeleton
slave
slight
slightly
slip
smooth
soften
soil
soldier
sole
solid
soul
spacecraft
span
spare
spectator
spill
split
sponsor
state
steady
stimulate
stock
strategy
strictly
structure
stuff

substance
substitute
subtitle
suburb
success
sudden
suffer
sufficient
suggestion
suitable
sum
summary
summit
superior
suppose
surely
surface
surgeon
survival
suspect
sweat
syndrome

T

taboo
tail
target
tasty
tax
tend
tension
term
terminal
terrific
territory
terrorism
terrorist
thankful
theory
therapy
thief
thin
thorough
threat

threaten
thrill
throughout
thus
tidy
tight
timely
tip
tire
tiring
toll
tornado
totally
tourism
trace
tragedy
transfer
transform
transmit
transportation
treat
treatment
trend
trial
tribe
tricky
tropical
typical

U

ugly
ultimate
unable
uncomfortable
unfortunately
unit
unite
universe
unknown
unless
unlike
unlikely
upstairs
urge

urgent

V

vaccine
value
vary
vast
vehicle
version
versus
via
victim
virus
vision
visual
vital
vitality
vivid
vote
voyage

W

wage
warmth
warn
warranty
waste
weaken
wealthy
weight
wheel
widely
width
wisdom
wit
wizard
wooden
worth

Y

yearly
yell

2 (advanced level)

A

abandon
abnormal
abolish
absorb
abstract
absurd
abundant
abuse
accelerate
accessible
accommodate
accompany
accordingly
accumulate
accuse
acknowledge
acquisition
addictive
addition
adolescence
advanced
advertise
affair
affluent
affordable
agenda
aging society
agriculture
alcoholism
alert
alien
allergic
aloud
alternate
alternative
altogether
amateur
ambiguous
amuse
annoy
annual
anonymous

antique
apparent
apparently
appliance
applicable
applicant
application
appreciate
appreciation
apt
argument
arise
arms
arrangement
arrest
assemble
assert
assess
asset
assignment
assume
assumption
assure
astonish
atom
attain
attribute
auditorium
authentic
authority
authorize
autobiography
autograph
automatically
awaken
awkward

B

badly
ban
bankrupt
bare
barely
bargain

beat
belongings
betray
biodiversity
bond
boom
boost
bounce
bound
boundary
brand-new
breakdown
breakthrough
breed
bribe
broaden
brochure
browse
budget
bug
bully
burden
burst

C

calculate
capability
cast
cave
cease
celebrity
cellular
censor
censorship
certify
challenging
characteristic
characterize
charge
charismatic
charm
cheat
child raising
circumstance

cite
citizenship
civil
civilization
clarify
classify
cling
clinical
closure
coincide
coincidence
collaborate
collapse
colony
coming
command
commerce
commercial
commitment
companion
comparable
compatible
compel
compensate
competent
competitive
complaint
complement
compliment
complimentary
comply
component
compose
comprehend
concerning
concise
conditional
confess
confession
confirm
conflict
conform
confront
congress

conquer
conquest
conscience
consensus
consent
conservation
considerable
considerate
consist
consistent
conspire
constantly
constitute
constitution
contemplate
contemporary
contract
controversial
controversy
conveniently
conventional
convert
convict
cooperation
cooperative
coordinate
cope
corporation
correspond
corrupt
cosmetic
costly
council
counsel
counter
counterpart
countryside
craft
crawl
credit
criteria
critical
crucial
cyberbullying

D

decent
decisive
decline
dedicated
defeat
defect
deficient
deficit
definite
deforestation
degrade
delegate
deliberate
deliberately
demonstrate
dense
dependable
dependent
depict
deposit
depress
depression
deprive
derive
description
designate
desperate
destruction
detailed
detect
devoted
dialect
dig
digitally-connected
dilemma
diligent
disabled
discard
discipline
disclose
discourage
discriminate
dismay

dismiss
disorder
dispute
distinct
distinctive
distract
distraction
distribute
district
diverse
divine
domain
dominant
dominate
dormitory
downtown
drastic
dread
drift
drought
duplicate
duplication
durable

E

ease
economical
edible
editor
elaborate
electronic
electronically
eliminate
embarrass
embrace
emerge
emission
emit
emphasis
emphasize
empire
encounter
encyclopedia
endeavor

endlessly
endow
endure
enforce
engage
enhance
enjoyable
enlarge
enormous
enrich
enroll
ensure
envy
equip
equipment
equivalent
erupt
essence
esteem
ethical
ethic
evacuation
evaluation
evident
exaggerate
exceed
excel
exceptional
exceptionally
excess
excluding
exclusive
exclusively
excursion
execute
exert
exhibit
exhibition
expectancy
expecting
expense
experienced
expire
expose

exposure
exterior
extinct
extinction
extinguish
extract
extraordinary

F

face-to-face
facilitate
facility
faculty
fade
fairly
fame
familiarize
famine
fanatic
fancy
fascinate
fatal
favorable
feminine
fertile
fertility
feudal
figure
findings
fitness
flame
flourish
fluctuate
foretell
formation
formula
formulate
forum
foster
friction
frightened
fulfill
fundamental
funeral

fur
furnish

G
genetic
genuine
germ
gigantic
given
govern
grand
grant
grasp
grateful
grave
greenhouse effect
guarantee

H
handful
handle
harassment
hardship
haste
hazard
heighten
hesitate
highlight
honor
hostage
household
humidity
hybrid
hygiene
hypothesis

I
identical
identification
identify
identity
ignorance
ignorant
illegal

illuminate
illustrate
imitation
immediate
immense
immigrant
immigration
immune
implant
implement
implication
imply
impress
impressive
impulse
incentive
incline
inclusive
incorporate
independence
indifferent
indigenous
indispensable
industrial
industrious
inequality
inevitably
infamous
infection
infer
infinite
ingenious
inherent
inherit
initially
initiative
inject
injection
innate
insert
insight
instability
install
institute

institution
insult
insurance
insure
intake
integral
integrate
intend
intensive
intention
interact
interaction
interfere
interior
intermediate
intrigue
intuition
invaluable
invisible
ironically
irritate
isolate
itinerary

J
justify

K
keen

L
launch
lawn
learned
legalize
legislation
liberal
lift
likelihood
likewise
limitation
linger
linguistic
literacy

literal
literally
literary
literate
litter
lively
livestock
living standard
loan
locate
longevity
loyalty

M

magnificent
makeup
mammal
manifest
manipulate
manuscript
marine
marvel
masculine
massive
mean
meanwhile
mechanism
medieval
memorable
memorize
mend
merchandise
merely
merger
mess
metabolic
metaphor
migrant
migrate
mine
minister
misbehavior
miserable
misguided

misidentify
mixture
mode
modify
molecule
monarchy
monetary
monitor
monopoly
monotone
monotonous
moral
mortality
mostly
multicultural
multilingual
multinational
mutation
mutual
myth

N

naive
namely
nationalistic
nationality
nationwide
neat
neglect
negotiate
negotiation
neutral
noble
nominate
nonprofit
nonsense
nonverbal
norm
nowhere
numerous
nursing home
nurture
nutritious

O

obesity
objection
objective
obligation
oblige
obscure
observation
obstacle
offend
old-fashioned
opponent
oppress
orbit
organic
organization
outbreak
outline
outlook
outnumber
outstanding
outweigh
overall
overcome
overlook
overview
overweight
overwhelm
owe
ownership
ozone layer

P

pandemic
parallel
parliament
partial
partially
participation
particle
partly
passage
passionate
pastime

patent
paternity leave
peculiar
pedestrian
penetrate
pension
permanently
permission
persist
personnel
perspective
pharmacy
plot
poetry
political
pose
posture
potential
practical
precede
precisely
predecessor
prediction
pregnant
prehistoric
prejudice
prescribe
presence
preservation
prestige
prestigious
preventive
priceless
primarily
primary
primitive
principal
principle
privilege
probability
probe
procedure
proceed
profession

proficiency
profitable
profound
prolong
prominent
promising
promote
prompt
prone
properly
property
prospect
prospective
prosper
prosperous
protective
proverb
publication
puzzle

Q

qualify
quarrel
quest
questionnaire

R

racism
radical
rainforest
rate
rating
ratio
rational
reasonable
rebel
recession
recognition
recollect
reconsider
reconstruct
recruit
recyclable
reference

refined
refrain
refugee
refund
regain
regarding
regardless
regulation
reign
relation
relevant
relieve
religious
relocate
reluctant
remainder
remains
remark
remarkably
remedy
remodel
renewable
renovation
renowned
representative
repress
reproduce
republic
reschedule
reside
resign
resist
resolve
resort
respectable
respectful
respectfully
respectively
restore
restrain
retrieve
reunion
reveal
revenue

reverse
revise
revival
revive
revolve
reward
right-wing
riot
ripe
rocket
rotate
roughly
round-trip
ruin

S
sacrifice
sake
satisfactory
saving
scarce
scheme
scroll
seal
searchable
seclude
section
seek
seize
self-confidence
self-esteem
sensible
sensitive
sentence
separation
sequence
session
setting
settle
settlement
shameful
sharpen
shipment
shortly

short-term
shrink
sibling
side effect
significance
signify
simulate
simultaneous
sin
single-use
situate
skilled
skillful
slang
slavery
slot
soak
sociology
sophisticated
sore
sort
sow
specialize
specialty
specific
speculate
sphere
spin
spoil
squeeze
stable
stain
stalk
stangnant
staple
starve
statement
state-of-the-art
statistics
steel
steep
steer
stem
stereotype

stereotypical
stiff
stimulating
storage
strengthen
strike
striking
strip
strive
stroke
struggle
stumble
stunning
subjective
submit
subscribe
subscription
subsequent
substantial
subtle
suburban
suicide
summarize
superb
superficial
superstition
supervisor
supplement
supplies
suppress
surge
surpass
surplus
surrender
suspicious
sustain
sustainable
sway
swear
sweep
swell
symbolize
symptom
synthesize

synthetic

tackle
tale
talented
telegram
temporarily
temporary
tempt
tendency
terminate
testify
testimony
thesis
threatened
thrilling
thrive
tide
tighten
tissue
token
tolerable
tolerance
toxic
transact
transition
transparent
transplant
traumatic
treaty
tremble
tremendous
triumph
trivial
troublesome
trustworthy
tuition
tune
tutorial
typically

ultimately

ultraviolet rays
unconditional
uncover
undergo
undergraduate
underline
uneasy
unexpected
unfamiliar
unforgettable
uniquely
united
unprecedented
unstable
unveil
unwilling
upcoming
update
upload
upset
urban
usage
utility
utilize
utmost

vacant
vacate
vaccinate
vacuum
vague
vain
valid
vanish
veil
verbal
verify
vertical
vice
vicious
viewpoint
violate
violation

virtual
virtually
virtue
visible
visualize
volcano
voluntarily
vulnerable

wander
wasteful
weigh
well-being
well-informed
well-off
westernize
whiten
wicked
widen
widespread
widow
wing
withdraw
withhold
withstand
witness
workforce
worsen
worship
worthwhile
wound

yield

A

abbreviate
abdicate
abduct
abide
abortion
abrupt
acclaimed
accommodation
accomplished
accord
accordance
accounting
acquaint
acquaintance
acquired
activate
acute
addiction
adherence
adhesive
adjourn
administer
advent
adverse
aesthetic
affection
affirmation
affirmative
afflict
agonize
alienation
alignment
allegation
allege
allegedly
alleviate
alliance
allocate
allowance
ally
amend
ample

amplify
analytical
anarchy
anthem
antiquity
apparatus
appraisal
apprehend
aptitude
arbitrary
arguably
arouse
array
articulate
artifact
ascribe
assault
assembly
assertion
assign
assimilate
assort
assorted
asylum
asymmetrical
atrocity
audible
authorization
autism
autonomy
avail
avert
avoidance
await
awe

B

backbone
backdrop
backfire
backlash
baffle
bait
ballot

bar
barbarian
barren
beam
bearable
beckon
beware
bid
binding
biographical
bizarre
blank slate
blanket
blast
bleak
bless
blunder
bolster
bombing
branch
breach
breakout
breakup
breathtakingly
brisk
budding
bulk
bulky
bullet
bullish
burdensome
bureau
burnout
by-product

C

cabinet
calamity
captivity
care facility
carve
casualty
catastrophe
ceasefire

census
centralize
certificate
certified
cherish
chronological
circulate
circulation
civic
civilian
classified
clause
clear-cut
clumsy
cluster
coalition
coarse
coerce
cognitive
coherent
cohesion
collective
collision
commemorate
commence
commend
commendable
commodity
commonplace
compelling
compensation
competence
compile
compliance
complicate
compound
comprehensive
compression
comprise
compromise
compulsive
compulsory
concede
conceivable

conceive
conception
concession
conclusive
condemn
condense
condolence
confederation
confidential
confine
confiscate
confrontation
connotation
conscientious
consecutive
consistency
consolidate
conspicuous
conspiracy
constraint
contaminate
contamination
contend
continued
contradict
convene
conversion
conviction
coronation
correlation
correspondence
corrosion
corruption
cosmopolitan
counterfeit
counterproductive
countless
courtesy
coverage
credibility
crucify
crude
crystal clear
cue

culmination
curse
custody
customary
cutting-edge

D
dangle
dare
dawn
dazzle
deadlock
decadence
deceased
decompose
deduct
deed
deem
defer
deflect
defy
delinquency
demographic
demolish
demote
denial
denounce
depletion
deploy
deport
deportation
descent
detain
detention
deter
deteriorate
devastate
devastation
deviation
devise
devotion
dexterity
diameter
dictate

dim
dimension
diplomacy
disadvantaged
disarm
discern
discharge
disclosure
discomfort
disconnect
discord
discourse
discredit
discretion
discriminating
disgrace
disguise
dismal
dismantle
dismissal
disorganized
disorient
disparity
dispatch
dispense
disperse
displace
disproportionately
disprove
disqualified
disregard
disrupt
dissect
disseminate
dissident
dissolve
dissonance
distinguished
distort
diverge
divert
doctrine
dodge
doom

dormant
downfall
downplay
downturn
drag
drain
drawback
dumb
dynamics

E

eclipse
editorial
effectively
eligible
eloquent
elude
emancipate
embark
embassy
embody
embryo
emigrate
eminent
empower
enact
enclose
encompass
endemic
endanger
endorse
enigma
enlighten
enslave
entail
entangle
entitle
entity
enviable
envision
epidemic
epoch
equalize
equation

equilibrium
equivocal
eradicate
erect
erode
escalate
escort
eternity
ethnicity
evacuate
evade
evasive
eventful
evict
evoke
exacerbate
excessive
exemplify
exemption
exile
existence
exodus
expat (expatriate)
expel
expenditure
expertise
explicit
explode
exploit
exponentially
exquisite
extensive
exterminate
external
extravagant

F

fabric
fabricate
fabulous
factually
faint
faithful
fallacy

falsify
fashionable
fasting
fatality
faulty
feasible
feat
federal
felony
fertilizer
fictitious
fierce
figuratively
firsthand
fiscal
flee
flush
foe
folk
foreseeable
foresight
forfeit
forgo
formalize
formidable
forthright
foul
fragile
fragment
frame
frantic
fraud
fraught
frenzy
fright
frugal
fruitful

G

genocide
gimmick
glaring
glitch
gloss

glossary
glow
grace
graze
gross
groundbreaking
grumble

H

habitable
hail
halt
hamper
harass
harmonious
harness
harrowing
harsh
hasten
hasty
haunt
hectic
herald
hinder
hoarse
homogeneous
hopefully
humane
hunch
hydrogen
hypocrisy

I

icon
iconic
illicit
illogical
immerse
immersion
immigrate
imminent
impair
impaired
impassive

impeachment
impede
impending
imperative
impersonate
implicate
implicit
implore
imposition
improbable
improper
improvise
inaugural
inception
incessant
incest
incidentally
incisive
inclusion
incompatible
inconsistent
incriminate
incur
indebted
indefinite
induce
indulge
inflation
inflict
influential
influx
informative
infrastructure
infringe
infusion
ingenuity
inhabit
inheritance
inhibit
initiate
inmate
innumerable
inscription
insistent

instill
instrumental
intact
integrity
intelligible
intense
intensify
intercept
interference
intermittent
intervene
intimidate
intolerable
intricate
intriguing
intrude
intuitively
invade
invariably
invasion
invoke
irrational
irrelevant
irreplaceable
irresponsible
irreversible
irrigation

J
jail
jeopardy
judicial
justification
juvenile

K
kidnap
knowledgeable

L
laborious
landfill
languish
lapse

laud
launder
lawmaker
lawsuit
leftovers
legible
legitimacy
legitimate
lenient
lethal
leverage
liable
liberate
lingering
livelihood
lofty
lunar

M
magnify
mainstream
majestic
makeover
malfunction
malice
malnourished
malnutrition
mandatory
maneuver
margin
marital
marked
martial
materialism
mediate
mediocre
meditate
melancholy
mellow
memoir
menace
mercy
messy
migratory

milestone
mill
millennium
mimic
mingle
misconceive
misconduct
misleading
mob
mobilize
moderate
mold
monarch
monetize
monopolize
morale
mortal
mount
mourning
muddle
multitude
municipal
myriad

N
negate
negligence
negligible
negotiable
net
nomadic
nomination
notable
noted
noteworthy
noticeable
notion
notorious
notwithstanding
nudge
nuisance
nutrient

O

obedient
obnoxious
obsess
obsessively
obsolete
occupancy
offset
ominous
ongoing
openness
orchestrate
oust
outburst
outcompete
outcry
outdated
output
outsider
outskirts
outsmart
overdo
overdue
overflow
overhaul
overly
oversight
overthrow
overwhelming

P

pacify
panel
paradoxically
paralyze
paramount
pasture
peasant
perception
peril
periodically
peripheral
perk
perpetual
perplexing
persecute
persecution
perseverance
persistent
persona
petition
philanthropy
pierce
pitfall
pivotal
plaintiff
plateau
platform
plausible
plead
pledge
plight
plunge
pneumonia
poach
politically
pollutant
ponder
populism
populous
portion
posterity
preach
precarious
precaution
preclude
preference
preliminary
premature
premeditated
premise
preoccupation
prerequisite
preside
pressing
presumably
presume
prevail
prevalent
proceeds
proclaim
prodigy
proficient
profile
prohibitively
proliferation
propel
propensity
pros and cons
prose
prosecute
prostitute
protagonist
protocol
provable
proven
provisionally
provoke
proximity
publicity
publicize
punctuation
purify

Q

quaint
quantitative
quarantine
questionable

R

radioactive
radius
rampant
ransom
rapport
ratify
ration
rationale
readily
realm
rear

rebound
receptive
reckless
reckon
reconcile
reconstruction
redeem
redundant
referendum
refine
regenerative
rein
reinforce
reinstate
reiterate
rejoice
rejuvenate
relinquish
remittance
remuneration
render
repatriation
repay
repercussion
replicate
reportedly
reptile
reputable
resilience
resistance
resolution
restoration
resume
resurgence
retain
retaliation
retention
retreat
retrospect
revenge
revoke
rhetoric
rigid
rigorous

ritual
rivalry
rotten
ruling
ruthless

S

salute
salvation
sanction
sanctuary
sarcastic
satire
savage
saying
scam
scan
scrutinize
scrutiny
seasoned
seclusion
secondary
seemingly
segregate
selective
self
self-perception
senator
sensation
serene
setback
shabby
shallow
shed
sheer
shield
shiver
shortcoming
showcase
showdown
singular
skim
slack
slaughter

sluggish
slump
smuggle
snob
socialize
solemn
solicit
solitude
soothing
souvenir
sovereign
spark
sparkle
sparse
spatial
specify
specimen
spectacle
spectacular
spiral
splendid
spontaneous
staggering
stake
standby
starvation
static
stationary
sterilize
stern
stifle
stigma
sting
stool
stout
straighten
strain
stray
streamline
strenuous
sturdy
subliminal
submission
subordinate

subsidize
subsidy
substandard
subtract
subversion
sue
suffocate
summon
superfluous
superpower
supreme
surmount
surreal
surveillance
susceptible
suspension
suspicion
suspiciously
swap
symposium
synchronize

T

tactics
taint
takeaway
tame
tangible
tangle
technically
tentative
tenure
testament
testimonial
theorize
thirst
thread
thrust
tolerate
torture
tradeoff[trade-off]
trait
tranquil
transient

transit
transitory
tremor
trespass
tribute
trifle
trigger
troop
truce
tumble
turbulence
turnaround
twist
tyranny

U

ubiquitous
unanimous
unauthorized
unconditionally
undeniable
underdog
underfed
underlie
underlying
undermine
undertake
undo
unearth
unfold
unification
unify
unintelligible
unrivaled
unsociable
unwittingly
upbringing
upheaval
uphold
uproot
upstart

V

valuation

vandalism
vanity
variable
velocity
venture
verdict
verge
verification
versatile
verse
veto
viable
vibrant
vice versa
vicinity
vigor
vigorous
vulgar

W

waive
wane
warfare
warrant
weave
weird
whatsoever
whereabouts
whistle-blowing
wholesome
wilderness
workout
would-be
wreck

Y

yardstick

memo①

memo

memo③

memo④

memo⑤

memo⑥

【著者紹介】

関　正生 (せき・まさお)

◉──1975年東京生まれ。埼玉県立浦和高校、慶應義塾大学文学部（英米文学専攻）卒業。TOEIC® L&Rテスト990点満点。

◉──リクルート運営のオンライン予備校「スタディサプリ」講師。スタディサプリでの有料受講者数は年間140万人以上。受験英語から資格試験、ビジネス英語、日常会話までを指導し、英語を学習する全世代に強力な影響を与えている。

◉──著書累計300万部突破。著書に『真・英文法大全』『英文法ポラリス』シリーズ（KADOKAWA）、『極めろ！リーディング解答力TOEIC® L&R TEST PART 7』（スリーエーネットワーク）、『サバイバル英文法』（NHK出版新書）、『中学校3年間の英単語が1カ月で1000語覚えられる本』『改訂版 大学入学共通テスト英語が1冊でしっかりわかる本』（かんき出版）など120冊超。英語雑誌『CNN ENGLISH EXPRESS』（朝日出版社）でコラムを連載中。

かんき出版 学習参考書のロゴマークができました！

明日を変える。未来が変わる。

マイナス60度にもなる環境を生き抜くために、たくさんの力を蓄えているペンギン。
マナPenくんは、知識と知恵を蓄え、自らのペンの力で未来を切り拓く皆さんを応援します。

マナPenくん®

大学入試英単語 SPARTA 1 standard level 1000語

2023年3月23日　　第1刷発行

著　者──関　正生
発行者──齊藤　龍男
発行所──株式会社かんき出版
　　　　　東京都千代田区麹町4-1-4 西脇ビル　〒102-0083
　　　　　電話　営業部：03(3262)8011代　編集部：03(3262)8012代
　　　　　FAX　03(3234)4421　　　　　振替　00100-2-62304
　　　　　https://kanki-pub.co.jp/

印刷所──シナノ書籍印刷株式会社